老子原始

[日]武内义雄 著

杨世帆 译

长江出版传媒 崇文书局

图书在版编目（CIP）数据

老子原始 / （日）武内义雄著；杨世帆译 . -- 武汉：
崇文书局，2023.3
（武内义雄文集）
ISBN 978-7-5403-7058-9

Ⅰ．①老… Ⅱ．①武… ②杨… Ⅲ．①《道德经》—
研究 Ⅳ．① B223.15

中国版本图书馆 CIP 数据核字（2022）第 244721 号

老子原始
LAOZI YUANSHI

出 版 人　韩　敏
策划编辑　胡　钦
责任编辑　胡　钦　鲁兴刚
责任校对　董　颖
装帧设计　彭振威设计事务所
责任印制　李佳超
出版发行　长江出版传媒｜崇文书局
地　　址　武汉市雄楚大街 268 号 C 座 11 层
电　　话　(027)87677133　邮政编码　430070
印　　刷　湖北新华印务有限公司
开　　本　880 mm×1230 mm　1/32
印　　张　10
字　　数　187 千
版　　次　2023 年 3 月第 1 版
印　　次　2023 年 3 月第 1 次印刷
定　　价　68.00 元
（如发现印装质量问题，影响阅读，由本社负责调换）

武内义雄

1886—1966，字谊卿，号述庵。京都大学文学博士，日本东北大学名誉教授，日本学士院会员，获"文化功劳者"称号。师从狩野直喜，研究集清代考据学与日本汉学文献批判学之长，奠定了日本中国思想史研究基础。著有《论语之研究》《老子原始》等，另有《武内义雄全集》十卷行世。

杨世帆

早稻田大学硕士，东北大学（日本）博士。现任江苏省社会科学院哲学与文化研究所助理研究员。

本书由武内义雄《老子原始》及《老子之研究》第二部分《老子〈道德经〉析义》译成，底本均据《武内义雄全集》第五卷《老子篇》。

目 录

老子原始

老子《道德经》析义

老子原始

第一章

老子传

一 《史记·老子传》的校订

晋、宋以后，记载老子生平事迹的文献，多混有荒诞不经的神仙故事，因袭老子过关、化胡等虚构传说，不可轻信。与之不同的是，《史记·老子传》成书于汉初，文章叙述亦质朴诚实，一直为后世学者所考信。然其书传世年深日久，历经后人之转写改刻。加之后世注释家师心自用，改窜原文，如此种种，不知凡几。

因此，读《史记》之时，应当对照异本，参互考证，最后以事所当然之理推论，才能得出结论。

李唐以前，注解《史记》的文献资料，其名可考者共有十五家十九种。如下所记：

东汉：延笃《史记音义》一卷。《史记音隐》五卷。单《史记索隐后序》中，"音隐"作"章隐"。章宗源曰：裴骃《集解》引有《史记音隐》，"音"乃"章"字之讹。

宋：徐广《史记音义》十三卷。《索隐前序》《正义》及两《唐志》均为十三卷，《索隐后序》作十一卷，《隋志》作十二卷。裴骃《史记集解》八十卷。隋、唐《志》及《日本见在书目》均著录《史记音义》。《索隐后序》称，裴骃亦有《音义》，前代久已散亡。

梁：邹诞生《史记音义》三卷。隋、唐《志》及《日本见在书目》均著录。但《旧唐志》"邹诞生"误作"邵邹生"。

隋：柳顾言《史记音解》三十卷。《索隐后序》称隋季丧乱，遂失此书。

唐：许子儒注《史记》一百三十卷。两唐、隋《志》均著录。以上八种均见于《索隐序》。又《史记音》三卷。见《新唐志》。刘伯庄《史记音义》二十卷。两《唐志》及《日本见在书目》中，均有著录。亦可见于《索隐序》。又《史记地名》二十卷。此书及以下八种均见于《新唐志》。王元感注《史记》一百三十卷。徐坚注《史记》一百三十卷。李镇注《史记》一百三十卷。开元十七年上。又《义林》二十卷。陈伯宣注《史记》一百三十卷。贞元中上。司马贞《史记索隐》三十卷。开元润州别驾。张守节《史记正义》三十卷。裴安时《史记纂训》三十卷。

以上十九种，大部分今已佚亡，留存至今者，不过裴骃、司马贞、张守节三家而已。

裴骃，字龙驹，河东闻喜人。宋太中大夫裴松之之子。其所著《集解》八十卷，本诸徐广所著《史记音义》，又采纳经传百家之言及先儒之说，兼取臣瓒《汉书音义》、无名氏《汉书音义》等著作。《集解》一书，《索隐后序》中，记有"注本合为八十卷"。由此可知，该书成书之初，便采取在经文中夹入注文的形式。

司马贞，两《唐书》中均未为其立传。但据《索隐序》前的题衔可知，其人为河内人氏，官朝散大夫、国子博士及弘文馆学士。清儒钱大昕对司马贞生平有所考证：《唐书·刘知几传》记载，开元之初，刘知几主张废《孝经》郑氏学、《易》子夏传以及《老子》河上公注，存王弼之学，而博士司马贞驳斥其主张。由此可知，司马贞在开元之初担任博士一职。此外，弘文馆在神龙政变之后，为避孝敬皇帝讳，改称"昭文"或"修文"。直至开元七年，才重新使用旧名。因此，司马贞担任弘文馆学士，当在开元七年之后。另外，《索隐·高祖本纪》中"母刘媪"之下，记有"近有人云'母温氏'。贞时打得班固泗水亭长古石碑文，其字分明作'温'字。云'母温氏'。贞与贾膺复，按：'复'当作'福'。徐彦伯、魏奉古等执对"云云。从贾膺复、徐彦伯的年岁推算，可知司马贞应当年长于张守节。《十驾斋养新录》卷六，按：张氏《正义》记载，开元二十三年，皇帝敕令将老子、庄子传升为《列传》之首，置于伯夷、叔齐之上。

但《索隐》仍然使用旧有次序，并未采用玄宗新定次序。次序如此安排，暗示了《索隐》应当完稿于开元敕令颁布之前。司马贞完成《索隐》的时间，一定在开元七年至二十三年这十数年之间。

其书三十卷，仅标出了需要注解的字句，并在其下加以解释，却未将经文全部标出。然而将其标出的文字与《集解》本对照来看，两者之间有着不少相异之处。据《索隐序》所述，司马贞起初师从张嘉会学《史记》。其后起草《索隐》时，汇集了徐广、邹诞生、柳顾言等诸家之说，并参考了刘伯庄《史记音义》，这些都无可置疑。但主要还是依据裴骃本，这一点在《补史记序》中已有明言。因此，《索隐》本和《集解》本缺乏一致性，当是当时流传的《集解》本有异本所致。

张守节，其生平始末亦不详。据《正义》题衔，曾任诸王侍读、率府长史。据序文所述，《正义》成书于开元二十四年八月，在《索隐》成书之后。《正义》亦为三十卷，今其原貌已不可见。以其卷数推论，其文当未将经文全文列出，而是与《索隐》相同，摘出字句，加以注解。

以上三注，在北宋之前，分别刊行，流传于世。不仅注解内容各不相同，依据的正文版本也有所不同。南宋以后，三家注被散入同一正文之下，合刻为一个版本。在同一个正文之下合刻三家注释。此举虽然方便了学者阅读，但自此之后，分别刊行的三家注本也日渐式微，导致三家注之间的异同也不再明了。由于三家注中，只有《集解》本将《史记》正文全文列出，因此三注合刻本的正文大多参照《集解》本，但有时也会参考《索隐》《正义》的解释，改易正文内容。可见三注合刻本并不是纯粹的《集解》本，也不是纯粹的《索隐》本或《正义》本，而应当将其视为重新刊出的新定本。

既然三注合刻本并不是《史记》原本的形态，那么在读《史记》时，就必须参照分别刊行的三家注，加以比较考究。但单独刊行的《正义》本已经失传，现在只能将单独刊行的《集解》本、景刘氏百衲本《史记》、王氏《读书杂志》所引宋本及汲古阁本。《索隐》本汲古阁本及广雅本。与三注合刻本覆刻震泽王氏本。的《老子传》相互对照，列举其异同如下：

（一）单《集解》本景刘氏百衲本《史记》、汲古阁本。与单《索隐》本中，老子与庄子、韩非子合传。题名为《老子韩非列传第三》。而震泽王氏本将老、庄二子的传与伯夷传合为一篇，置于《列传》之首，题为《老子伯夷列传第一》。按：震泽本篇题之后，引《正义》文，有"老子、庄子，开元二十三年奉敕升为《列传》首，处夷齐上"云云。其下隔一圈，有"今依《正义》本"五字。圈下五字，当为三注合刻者所书，表明了震泽本的篇次题目，乃依据《正义》本而定。因此单《集解》本与单《索隐》本的篇次、题目与震泽本的差异，来源于二本与《正义》本的不同。

《正义》本的篇题，是根据开元敕令所改订而成，而并非《史记》原貌。与此不同，单《集解》本与单《索隐》本的篇题，则与《太史公自叙传》之记事相一致，当符合《史记》原貌。

（二）"姓李氏，名耳，字伯阳，谥曰聃。"以上为震泽本之文，单《集解》本也与之相同。单《索隐》本中，仅标出"名耳字聃"四字，其下注曰："按许慎云'聃，耳曼也'。故名耳，字聃。有本字伯阳，非正也。"其次标出"姓李氏"三字，又在其下施以注释。由此可见，《索隐》本所用原文中，此处仅为"名耳字聃姓李氏"，而无"伯阳谥曰"四字。按：陆氏《释文》、《后汉书·桓帝纪》注以及《文选·游天台山赋》注中所引《史记》之文，均与《索隐》本相合。是以此处《索隐》本的记载当为《史记》隋唐旧本之原文。

清儒梁玉绳也考证出先秦古书中老子并不被称为"伯阳"，从而质疑震泽本之文。《史记志疑》。王念孙考证《文选·反招隐诗》注中所引《史记》仅作"老子名耳字聃"。其后，又引《列仙传》"李耳字伯阳"。王念孙据此认为震泽本中"字伯阳谥曰聃"一句是从《列仙传》衍生而出。《读史记杂志》。其说可从。此条震泽本与单《集解》本中的记载，当为后人妄窜所成，应根据《索隐》本加以改正。然而《索隐》有"有本字伯阳"一句，也就是说，唐代就已经流传有与震泽本一致的版本，这一点也无可置疑。可以推想，唐代之前流传的《集解》本应当至少有两种版本，《索隐》所依据的《集解》本中没有"伯阳谥曰"四字，而其他的《集解》版本中，已有部分版本窜入此句。

（三）"盖老子百有六十余岁，或云二百余岁。以其修道而养寿也。"以上二十三字，震泽本将其置于记老莱子之文后、太史儋之文前。单《集解》本也与此相同。而单《索隐》本则仅标出"盖老子百六十有余岁"九字，并将其置于"始秦与周合五百岁而离"之后，并在其下方注曰："此前古好事者据《外传》，以老子生年至孔子时，故百六十岁。或言二百余岁者，即以周太史儋为老子，故二百余岁也。"《索隐》认为，太史公所记载老子百六十余岁，是指老子生于孔子之前，且老子出生距孔子之时，共有一百六十多年。而二百岁之说，是误将老子与太史儋当作同一人所致。若果真如此，则从《索隐》标出的前后文，抑或是从它的注释文义来看，都可以推想《索隐》中这二十三字应当位于记太史儋之文后。并且从文章脉络上来看，也可看出《索隐》本比《集解》本更为通畅。此外，震泽本和单《集解》本中记为"百有六十余岁"，而《索隐》标出之文则写作"百六十有余岁"。两种写法，似乎也以《索隐》本更佳。

（四）"始秦与周合而离，离五百岁而合，离七十岁而霸王者出焉。"以上为震泽本之文。单《索隐》本中，标出"始秦与周合五百岁而离"十字，并在其下加注曰："按周、秦二

《本纪》并云，始周与秦国合而别。别五百载又合，合七十岁而霸王者出然。按："然"，当作"焉"。与此传离合反正。按："反正"当作"正反"。寻其意义亦并不相违也。"然而，震泽本中列出的《史记》原文，此处与周、秦二《本纪》完全一致，因此不能说是离合相反。清儒王念孙认为，宋本中此处记为"始秦与周合，合五百岁而离，离七十岁而霸王者出焉"，因此，《索隐》本中的《史记》之文当与宋本一致。《索隐》中标出的十个字，在"合"字之下，"五百岁"之上，当脱一"合"字。《读书杂志》三之四。按：王氏所引宋本，系吴荷屋所藏，是一部将单刻《集解》本与兼刻《索隐》本合刻的文本。此处引用文字与铁琴铜剑楼所藏宋刊单《集解》十四行本一致。因此，吴荷屋本《史记》中的《老子传》亦为单《集解》十四行本。百衲本所收单《集解》十行本与汲古阁刊《集解》本均与震泽本一致，而与王氏所引文字不一致。这些不同之处，都可证明，北宋时单《集解》本就已经有了两种不同的版本系统。这些版本文辞上的差异，似乎也渊源于唐代。也就是说《索隐》所依据《集解》本之外，应当还流传有不同的《集解》版本。裴骃《集解》中此处文字与周、秦二《本纪》没有差别，因此裴骃所见的《史记》之文，此处应当与十行本及震泽本相同，而司马贞所依据的《集解》本应当有误。

（五）"李耳无为自化，清净自正。"诸版本中，以上十字均位于《老子传》末尾。但《索隐》中将此十字列于"宗子注""玄孙假"以及"绌儒学"三项之前。从其标出经文的前后顺序来看，《索隐》本中此十字似乎位于列举老子子孙内容之前。其下方注曰："太史公因行事，于当篇之末，结以此言，亦是赞也。"从此注文推测，这十个字也应当置于篇章之末。根据《索隐后序》内容，司马贞起初不满于褚少孙补《史记》的众多诬谬，立志改正其误，补全《史记》残缺之处，兼以施加注释。在完成一半后，司马贞改变其方针，决定专注于注释工作，考定文字音义，重作赞述。现今所见《索隐》，是在第一次注述完成一半之后，又依据第二次注述的方针，附加文字音义才形成的产物。此十字后出现的三项文字，其注释都只有字音。由此推测，此三项文字，应当都是在第二次注解添加音注时所添内容。在第一次注述时，应是以本条目中的十个字结尾。倘若如此，那么在《索隐》本的正文中，此十字也应当位于本传末尾。但此十字又见于太史公自叙传中，恐为后人将自叙传中文字抄写于《老子传》的行间或栏外，之后又被人误认为《老子传》经文。太史公原书中当无此内容。

　　对照单《集解》本及单《索隐》本校读三注合刻本，所见诸本正文之差异，其大略如上所述。根据以上考证，试将《史记》文本校对订正如下：

老子者，楚苦县厉乡曲仁里人也，名耳，字聃，姓李氏，周守藏室之史也。以上第一段

孔子适周，将问礼于老子。老子曰："子所言者，其人与骨皆已朽矣，独其言在耳。且君子得其时则驾，不得其时则蓬累而行。吾闻之，良贾深藏若虚，君子盛德容貌若愚。去子之骄气与多欲，态色与淫志，是皆无益于子之身。吾所以告子，若是而已。"孔子去，谓弟子曰："鸟吾知其能飞，鱼吾知其能游，兽吾知其能走。走者可以为罔，游者可以为纶，飞者可以为矰。至于龙，吾不能知，其乘风云而上天。吾今日见老子，其犹龙邪！"以上第二段

老子修道德，其学以自隐无名为务。居周久之，见周之衰，乃遂去。至关，关令尹喜曰："子将隐矣，强为我著书。"于是老子乃著书上下篇，言道德之意五千余言而去，莫知其所终。以上第三段

或曰：老莱子亦楚人也，著书十五篇，言道家之用，与孔子同时云。以上第四段

自孔子死之后百二十九年，而史记周太史儋见秦献公曰："始秦与周合而离，离五百岁而复合，合七十岁而霸王者出焉。"或云儋即老子，或曰非也，世莫知其然否。盖老子百六十有余岁，或言二百余岁，以其修道而养寿也。以上第五段

　　老子，隐君子也。老子之子名宗，宗为魏将，封于段干。
宗子注，注子官，官玄孙假，假仕于汉孝文帝。而假之
子解为胶西王邛太傅，因家于齐焉。以上第六段

　　世之学老子者则绌儒学，儒学亦绌老子。"道不同不
相为谋"，岂谓是邪？ 以上第七段

　　以上文本校对，删除衍文二处，纠正错简一处，改正颠
倒一处，以此可略见太史公著作之原貌。根据以上订正文本，
可将《老子传》大致分为七段。第一段叙述老子姓氏及出生地，
第二段记录孔子问礼之事，第三段叙述老子西行以及著书之
事，第四段中插叙老莱子传，第五段中叙述太史儋之事，第
六段列举老子子孙，第七段以叙述儒道关系结尾。

二　《史记·老子传》的批判

　　以上，已将《史记·老子传》中的错误订正完毕。接下
来将对其内容展开批判。《老子传》所记最为详尽之事，当属
孔子问礼一段。此事亦可见于《孔子世家》。试将其要旨摘录
如下：

孔子年十七，鲁大夫孟釐子病且死，诚其嗣懿子曰：
"孔丘，圣人之后，（中略）吾闻圣人之后，虽不当世，
必有达者。今孔丘年少好礼，其达者欤？吾即没，若必
师之。"及釐子卒，懿子与鲁人南宫敬叔往学礼焉。（中略）
鲁南宫敬叔言鲁君曰："请与孔子适周。"鲁君与之一乘
车、两马、一竖子，俱适周问礼，盖见老子云。辞去而
老子送之曰："吾闻富贵者送人以财，仁人者送人以言。
吾不能富贵，窃仁人之号，送子以言，曰：'聪明深察而
近于死者，好议人者也。博辩广大危其身者，发之恶者也。
为人子者毋以有己，为人臣者毋以有己。'"

上述《孔子世家》中所载老子之语，与本传所记并不相同。
盖本传录初见时之言，而《孔子世家》记离别之辞，二者分
别记录了孔子问礼一事之始末。然而，此处记载究竟是否为
史实呢？关于这一点，必须在充分考察太史公所采信史料的
价值之后，才能得出结论。《孔子世家》中，关于孔子问礼一
事之起因，记有如下内容：起初，鲁国的南宫敬叔奉其父孟
釐子遗言，师事孔子。其后，南宫敬叔为孔子游说鲁国国君，
请求鲁君赐予车马竖子，并与孔子一起赴周。孟釐子遗言令
其子师事孔子一事，可见于《左氏春秋》。但孟釐子卒于昭公
二十四年，其时孔子三十四岁，而并非十七岁。且孟釐子卒

时，南宫敬叔年仅十三岁，尚在衰绖之中，当无外出赴周之理。由此观之，《史记》所载孔子与南宫敬叔共同赴周之事，并不可信。崔述《洙泗考信录》一。此外《孔子世家》所记老子之语"吾闻富贵者送人以财，仁人者送人以言"，可见于《晏子春秋·杂上》晏子送曾子之事，其原文为"君子赠人以轩不若以言"。《说苑·杂言篇》及《孔子家语·六本篇》中均有所载。"轩"字作"财"。《说苑·杂言篇》记有："子路将行，辞于仲尼，仲尼曰：'赠汝以车乎？以言乎？'子路曰：'请以言。'"此处记载也与《史记》中老子所言极为相似。这一话语应是当时赠言者常套语，而未必仅限于老聃所言。而且，《索隐》中标出"送人以财"四字，并在其下注"庄周'财'作'轩'"。由此可知，《庄子》中当也记有此事。《孔子世家》中问礼一事的记载，当为杂糅《左氏春秋》和《庄子》佚篇中的内容而成。

此外，细查本传所记问礼一事，发现文中所载老聃所说"良贾深藏若虚，君子盛德容貌若愚"十四字，与《大戴礼·曾子制言上篇》中"良贾深藏若虚，君子有盛教如无"相似。又与《庄子·寓言篇》中"大白若辱，盛德若不足"以及《老子》第四十一章"大白若辱，广德若不足"相似。本传及《大戴礼》中的文辞与《庄子》《老子》中的语句意思相同。《庄子》中，此一句为老子告谕杨朱之语。《老子传》将其作为老子赠孔子之语，此事极为可疑。又"去子之骄气与多欲，态色与淫志，是皆无益于子之身"此二十一字，与《庄子·外物篇》中所载老莱子告孔子之语"丘，去汝躬矜与汝容知，斯为君子"极为相似。从文词繁简程度上看，似乎《外物篇》之文形成年代较本传更为久远。然而《外物篇》中老莱子之语，在本传中却被视作老聃之语，此事也极为可怪。又本传中，孔子赞老聃"犹龙耶"一段，与《庄子·天运篇》中所载"孔子见老聃归，三日不谈。弟子问曰：'夫子见老聃，亦将何归哉？'孔子曰：'吾乃今于是乎见龙。龙合而成体，散而成章，乘乎云气而养乎阴阳。予口张而不能嗋，予又何规老聃哉！'"相似。要言之，本传中所载老聃之言，为道家者流所惯用常套语，而未必为孔老相见时所首唱。这些语句，当以"君子盛德容貌若愚"一句形成年代最古。《外物篇》老莱子所言，以及本传中"去子骄气与多欲"云云，当为该句之解释说明。本传中的记录，当是以古代道家之言为基础，假托孔子、老子而作的寓言。若果真如此，则本传中第二段与《孔子世家》问礼的记载，或许均为道家后学虚构架空之谈。

本传第三段中，记载了老子《五千言》形成之起因。今熟读老子《五千言》，其中异词同义之言重复甚多。其文体也不一致，或类似于辞赋，或类似于箴铭；有韵之章有之，无韵之文亦有之。文中所述也时有矛盾之处。这岂能是一人一时之作？老子《五千言》当是老子之后，道家者流分为数派，后又将各派所传老聃之言荟萃成一书的产物。本传中所载，老子西行至关，应关尹喜之请，著上下五千言之事，当为妄传，此事不辩自明。《庄子·养生主》文中记载有老聃死，秦失吊之一事。此事恐为庄周所虚构的寓言。但由此可想见，在庄周之时，老聃已死这一事实已经被广泛认可。因此，本传中所谓"莫知其所终"一文也甚为可疑。可见本传第三段也是后世虚造之传说，亦未足信。

本传第四段插叙老莱子之事。文中叙述，老莱子为楚人，与孔子同时代。这一记载与《汉书·艺文志》所载相同，似乎可信度较大。《战国策·楚策》中记有老莱子告诫孔子之语。《孔丛子·抗志》中也记载了此事，但《孔丛子》中将孔子作子思，疑为《孔丛子》之误。《庄子·外物篇》中也记载了老莱子告喻孔子之事。其事迹或不可轻信，但也足以旁证二人处于同一时代。据《史记》所载，老莱子著书十五篇，比《汉书·艺文志》所载十六篇少一篇。此类篇数多少，记载有所出入，不足为奇。其书未能流传至今，但《大戴礼·卫将军文子篇》中记有孔子对老莱子的评价：

德恭而行信，终日言不在尤之内。在尤之外，贫而乐也，盖老莱子之行也。《史记索隐·仲尼弟子列传》中引此文尤"在尤之外"四字。

据此，可想见其人其书之大略。"德恭而行信……贫而乐"一句近于儒家者言，因此孔子盛赞其人，也在情理之中。除孔子外，曾子也屡屡引用老莱子之言，曰：

君子终日言不在尤之中，小人一言终身为罪。《曾子立事》

孝子不登高，不履危险。（中略）临不指，故不在尤之中。《曾子本孝》

由此观之，《老莱子》十五篇虽被称为"言道家之用"，但其内容应当与如今的老子《五千言》大异其趣，而老莱子与老聃也当为完全不同之二人。然而古书之中，也或将老莱子与老聃混为一人。其一，《楚策》中所载老莱子之言，在《说苑·敬慎篇》以及《淮南子·缪称训》中，被当作老子从商容《说苑》作"常枞"。按："商容""常枞"古音同。处所学内容。其二，本传第二段中所载老聃之言，也与《庄子·外物篇》所载老莱子之言类似。据此，老莱子与孔子当处于同一时代，并且二人有过会面。后人误将老莱子当作老聃，从而产生了孔子向老子问礼的传说，形成了本传第二段的内容。本传中关于老聃的记载也有可疑，可能也混入老莱子相关传说。第一段老聃的出生地被记为楚国苦县厉乡曲仁里，即是如此。按：

老子出生地，太史公以后，诸家说法各不相同。如东汉王阜认为老子出生于曲、涡间。《水经注》二十三引王阜《老子圣母碑》。东汉边韶则认为老子是楚国相县人。《隶释》三记载有边韶《老子铭》。晋朝司马彪则认为老子是陈国相人。《庄子·天运篇》释文。以上几处，所记文字虽然各不相同，但所指地点均为一致。《庄子·寓言篇》与《列子·黄帝篇》中，均记有杨朱至沛见老子之事。《庄子·天运篇》中也记有孔子赴沛见老聃之事。这些事迹固然属于寓言，不足采信，但老子居于沛地，当属事实。清儒姚鼐认为《庄子》之记事最古，"宜得其真"。《老子章义序》。此说似可从。果如此，则老子并非楚苦县人，而应为宋人。《史记》所记"苦县厉乡曲仁里人"，当为误将老莱子出生地写入本传所致。汪中《老子考异》。

　　第五段所记太史儋见秦献公之事，应当出自《周本纪》《秦本纪》及《封禅书》，可信度较高。但特别值得注意的是，此段所记太史儋游秦一事之后，尚有"或曰儋即老子，或曰非也。莫知其然否"一文。也就是说，太史公之前，已有论者将太史儋与老聃视为同一人。清儒毕沅也认为聃字与儋字相通。其论曰：

　　　　古聃、儋字通。《说文解字》有聃字，云"耳曼也"。又有聸字，云"垂耳也……南方聸耳之国"。《大荒北经》

《吕览》"聸耳"字并作"儋"。又《吕览》"老聃"字,《淮
南王书》"聸耳"字,皆作"耽"。《说文解字》又有耽字,
云"耳大垂也"。盖三字声义相同,故并借之。《老子道德
经考异序》

毕沅通过论证聃、儋字相通,进而主张太史儋即老子。前
人的这些主张也不能故意忽视,在此尝试将本传所记载老子
的事迹与太史儋的事迹进行对比分析:

(一)老聃为周守藏室之史,太史儋为周太史。二者类似。

(二)老聃辞周西行的传说与太史儋入秦见秦献公之事相似。

由此可见,老聃与太史儋不仅名字相通,事迹也类似。因
此,本传中所载太史儋即老子,这一观点,也应当是有根据的。

按:本传中所谓"守藏室之史"应当就是《庄子》中所载"征
藏史"。《庄子》曰:

孔子西藏书于周室,子路谋曰:"由闻周征藏史有老
聃者,免而归居,夫子欲藏书,则试往因焉。"《庄子·天道》

此处"征藏史",即为典藏史。《经典释文》引司马彪注。"典藏"
与"守藏"同义。然而,《周官》六篇中记载周、秦官制甚为详尽,
却无一文言及"守藏史"。先秦时期的其他古籍中,也无相关

记载。《庄子·逍遥游》，《释文》引《世本》称彭祖，姓篯名坚，在商为守藏室史，在周为柱下史。此说因袭于《列仙传》《神仙传》，疑为《世本》注文，而非经文内容。在古代典籍中，老子或许仅被称为周史，直到有孔子藏书一事之后，老子才被称为"守藏室史"。周代实际并无"守藏室史"这一官职。老子曾为周史，这一传说古已有之。《汉书·艺文志》记载："道家者流，盖出于史官。"郑注《论语》："老聃，周之太史。"《礼记·曾子问》疏所引郑玄注《论语》。《汉官仪》："侍御史，周曰'柱下史'，老聃为之。秦改为御史。"《北堂书钞·设官部》引《列仙传》："老子为周柱下史，转为守藏史。"综合这些典籍，可推论老子任周史一事，古时已有传说。如果最初仅有老子为"守藏室史"之说，那后来就不会改作"柱下史"或"太史"了。那么，老子确曾任过"周史"吗？我以为不然。这应是与太史儋任周史的传说混淆所致。因为在本传第六段中，记载有"老子，隐君子也"，而身任周史之人，当无可能成为"隐君子"。汪中《老子考异》。

关于老子西行和太史儋入秦此两项事迹之间关系，清儒汪中已有详论。汪氏首先论述了老子和关尹所处年代问题：

> 今按《列子》，《黄帝》《说符》二篇，凡三载列子与关尹子答问之语。《庄子·达生篇》与《列子·黄帝篇》又同，《吕氏春秋·审己篇》与《列子·说符篇》文同。而列子与郑子阳同时，见于本书。

《六国表》郑杀其相驷子阳，在韩烈侯二年，上距孔子之没，凡八十二年。关尹子年世既可考而知，则为关尹子著书之老子，其年世亦从可知矣。

此外，关于本传中"见周之衰，乃遂去。至关"一段，汪中认为，文中之"关"后人或认作"散关"，或作"函谷关"，而无定说。散关远在岐州，并不在周秦之间。函谷关位于灵宝县，正处于由周赴秦的道路上。因此老子所过之"关"，当指函谷关无疑。函谷关建于秦献公之时。汪中由此认为，老子去周至关之事，与太史儋入秦见献公为同一事。著道德之意五千余言之人即为太史儋。

汪氏此论极为巧妙，但此论中仍有令人难以赞同之处。今《史记》所载太史儋说秦献公之语，全为游说术士之言，与《五千言》之说并无相似之处。汪氏主张《五千言》为太史儋所作，此说不能令人信服，此其一也。熟读《五千言》，便可知其文体并不一致，所言多有重复之处，也有不少自相矛盾之处。可知其文并非一人一时之作。汪氏认为，其文为太史儋为关令尹所著。此说也无法令人信服，此其二也。今本老子《五千言》当为荟萃后世道家诸说而成。认为其文为老聃自著，固然不确，而将其当作太史儋所作，则更为不实。故老子西行著书之传说，当完全为架空虚构之谈，而并非史实。追溯这一传说的起源，可以推想，此传说是从太史儋入秦这一事迹中改编而来，却又混淆了老聃与太史儋二人。

太史儋曾为周室之太史，后辞周入秦，而老聃生于宋国沛地，终老于沛，为隐君子。二人行迹全不相同。然而后世其传记不明，"儋""聃"二字相通，以致二人被混同，从而形成老聃为周史一说。加之混入了孔子与老莱子交往一事，从而产生了孔子适周问礼的传说。又将太史儋辞周入秦一事，移为老聃事迹，产生了老子西行的传说。更杂糅以老子与关尹子的关系，最终形成了老子至关著书的传说。参考《庄子》《列子》二书，关尹曾亲炙老子，为其门人，其足迹限于宋郑之间，并未西至函谷关。《汉书·艺文志》云："关尹名喜，为关吏。"《吕氏春秋·不二篇》高诱注："关尹，关正也。"因此，喜任关吏一事，当无可疑，但未必为函谷关关吏。按《周礼·地官》中载有司关一职。《国语·周语》中有"关尹"一词。天子称之为"司关"，诸侯称之为"关尹"。其名虽有不同，但职掌相同。胡匡衷《仪礼释官》。关为界上之门。《周礼·司关》郑玄注。天子有十二关，诸侯之关其有几何，不详。鲁国有废六关之事，见《左氏》文公二年传。其他诸侯或许也有六关。《仪礼·聘礼》贾公彦疏。要之，关尹执掌诸侯之关，但诸侯国境内有数关，关尹喜所掌究竟为何处之关，此事不明。李尤《函谷关铭》中称喜为函谷关尹。《史记索隐》引。葛洪则认为是散关。《史记索隐》。

二者均为牵强附会之说，不足采信。由此观之，老聃西行至关，为关尹喜著书这一传说，也当为虚构。

论至此处，可知《史记·老子传》中大部分内容真实性存疑。不可疑者，唯有"老子名耳字聃姓李氏"九字与第六段列举老子子孙一条而已。

三 老子之年代

《老子传》中可疑之处如此之多。因此先儒中也有人完全否定老子其人的存在，认为老子是完全虚构之人，《五千言》为后人假托之作。崔述《洙泗考信录》、兰嵋《老子是正序》。上一节中，论证了《史记·老子传》中所记载大部分内容并不真实，但对于否定老子其人存在这一论点，仍有踌躇。踌躇的原因有三：《史记》本传中虽然有着众多可疑之处，但仍然有部分内容无可置疑，此其一也。《荀子》《吕览》等先秦古籍中，都有对老聃的品骘之语，此其二也。周末道家之徒，各树旗帜，分为诸多派别，但诸派学者都祖述老子。很难想象老子仅仅为一二人所虚构托言之人，此其三也。据此三点理由，我更倾向于相信老子其人确实存在。在此，我将依据《史记》本传中可信的部分，并参考其他典籍，考证老子所处年代。略陈鄙见如下：

古来学者都将老聃视为孔子前辈，此说来源于孔子问礼一事。前文已经分析过，问礼一事并不可信。因此在考察老子的年代时，本传中可采用的资料唯有列举老子子孙这一段内容。曰：

> 老子之子名宗，宗为魏将，封于段干。宗子注，注子宫，宫玄孙假，假仕于汉孝文帝。而假之子解为胶西王邛太傅，因家于齐焉。

清儒汪中根据《国策》及《魏世家》考证"宗"所处年代，曰：

> 《魏世家》："安釐四年，魏将段子干请予秦南阳以和。"《国策》："华军之战，魏不胜秦。明年，将使段干崇割地而讲。"《六国表》："秦昭王卅四年，白起击魏华阳军。"按：是时上距孔子卒，凡二百一十年。《老子考异》

汪中认为《国策》中的"段干崇"即为本传之中的老子之子"宗"。乡贤斋藤拙堂也依据同样的资料，认为古时"宗""崇"二字相通，由此推论老聃年代当在孟子之后。今按胶西王邛谋反自尽，为汉景帝三年之事，上距魏安釐王四年共有一百一十九年。然而从"宗"之子"注"开始计算，直至担任胶西王邛太傅的"解"为止，共有七代。按一代三十年来计算，则历经了二百一十年。这中间仅有一百一十九年，则时间过短并不足以历经七代。上文的"段干崇"当并非老子之子"宗"。

又按《神仙传》所载老子子孙系谱与《史记》不同。《神仙传》所载老子子孙系谱引自《史记》本传，其不同之处，当源于葛洪所见《史记》文本与今本不同，抑或是《神仙传》引文有所谬误。日本流传的旧钞本《老子》以及庆长活字本《老子》二书均为河上本。开篇序文中活字版的序文署名葛洪，钞本大多不记序文作者之名。据泷川龟太郎氏所藏足利幕府末年钞本所载，《老子》序文为葛洪所作一说，乃据贾大隐《述义》而定，现在暂且作为葛洪所作序文而引用。也记有老子子孙系谱。其记载与《史记》及《神仙传》有异。《史记》中"注"字，葛洪序中作"瑶"。"宫"字，《神仙传》中作"言"。"假"字，《神仙传》及葛洪序中均作"瑕"，与张守节本相同。盖"注"与"瑶"字形相似而误，二者中孰为正字，现已无法分辨。"假"与"瑕"字音相同，可以相互通假，故两字并无正误之分。"宫""言"二字或为同一字误讹，但不知何者为正。"宫"与"言"字或均源于"嵩"字。盖"嵩"字与"宫"字相似，"言"字与"高"字相似，"嵩"字残破后，或被读为"宫"字，或被读为"高"字，而后"高"字又讹作"言"。若"嵩"与"崇"确为同一字，那么"段干崇"即为《史记》中的"宫"，也就是《神仙传》中的"言"。若将"崇"字视为"宫"，从"宫"至"解"共有五代，魏安釐王至汉景帝初年一百一十九年，年数可与五代人相当。进而推算，由"宫"至"注"，"注"至老聃，共有四代。以"宫"晚年处于安釐王四年计算，可得出老聃所处年代应当在周威烈王至周显王初年这数十年之间。据此推算的老子年代，与《庄子》《列子》中所载老聃师生关系之数条相对照，也无矛盾之处。

老聃的师生关系，主要有两项：一为老聃与关尹喜之间关系，二为老聃与杨朱之间关系。关于关尹喜的年代，可参考《列子》中《黄帝篇》《说符篇》、《庄子·达生篇》以及《吕览·审己篇》所载关尹与列子答问之语。据以上材料可知，关尹与列子为同时代人。刘向《叙录》[1]载，列子为郑缪公时人。《庄子·让王篇》也记有列子辞郑子阳之粟一事。由此推测，"缪"字或为"繻"字之误。唐代柳宗元认为刘向所言"郑缪公"或为"鲁穆公"之误。今从叶大庆之说，认其为"郑繻公"之误。如果认为列子与郑繻公处于同一时期，那么与列子有过答问的关尹子也当为郑繻公时人。据《史记·六国表》所载，繻公处于周威烈王四年至

1　指《列子叙录》，传为刘向整理《列子》文本时所作叙录。姚际恒、马叙伦、顾实、吕思勉、陈旦等主张《列子叙录》是后世伪托之作，武内义雄著有《列子冤词》，力证《列子》原文及刘向《列子叙录》并非伪作，见《武内义雄全集》第六卷。——译注

周安王六年之间，与上文推测老子所处年代一致。因此，从老聃与关尹的师生关系来看，上文推定的老子年代当与史实出入不大。

杨朱所处年代亦不详，但《列子·黄帝篇》及《庄子·寓言篇》中均载杨朱请教老聃之事。《列子·杨朱篇》又记有杨朱与禽滑釐问答：

> 禽子曰："以子之言问老聃、关尹，则子言当矣；以吾言问大禹、墨翟，则吾言当矣。"

由此观之，可知杨朱当为老聃弟子，与禽子同时。此外《列子·杨朱篇》曰：

> 卫端木叔者，子贡之世也。藉其先资，家累万金，（中略）行年六十，气干将衰，弃其家事，都散其库藏、珍宝、车服、妾媵。一年之中尽焉，不为子孙留财。及其病也，无药石之储；及其死也，无瘗埋之资。（中略）禽骨釐闻之曰："端木叔，狂人也，辱其祖矣。"段干生闻之，曰："木叔，达人也，德过其祖矣。"

禽子知道子贡之孙死亡一事，杨朱也知道此事。由此可以推算出杨朱所处年代。又，与禽子并称的段干生或许是老子之子宗，据此也可以推想，杨朱曾亲炙老子门下。《杨朱篇》又记载有杨朱见梁王之事，其文与《说苑·政理篇》所载相同。而《说苑·政理篇》又记载有仲尼见梁君之事。在与仲尼相关一文中记为梁君，而杨朱相关一文中记为梁王。可见杨朱见梁王是在梁君称王之后的事。按：梁称王号一事，《史记》与《竹书纪年》所载不同。据《史记》所载，梁惠王在位三十六年而卒，襄王即位。"襄王元年，与诸侯会徐州，相王也。追尊父惠王为王。"《魏世家》。而《竹书纪年》记载，惠王三十六年犹未卒，改元为元年，称王。考之于《孟子》，梁惠王年纪当从《竹书纪年》。《春秋经传集解后序》云：《古书纪年篇》惠王三十六年改元，从一年始，至十六年而称"惠成王卒"。因此，梁惠王改元后元年当为孔子没后一百四十四年。若从旧说，则杨朱与老聃时代相隔甚远，二人不可能相见。若从上文推定的老聃年代，则可考证得出，杨朱壮年时师事老聃，一直活到梁惠王时。是以从老子与杨子的师生关系推算，也可证明我所推想老聃年代并无大过。

第二章

《老子》传本考上

一　叙说

《汉书·艺文志》中记载有《老子》传本四种：

《老氏邻氏经传》四篇。姓李名耳。邻氏传其学。

《老氏傅氏经说》三十七篇。述老子学。

《老氏徐氏经说》六篇。字少季，临淮人，传《老子》。

刘向《说老子》四篇。

以上四种传本均已亡佚，不可考其详。《艺文志》将邻氏之书题为"经传"，将傅氏、徐氏之书题为"经说"，而记载六艺之书时，却将经本与传注分别列举，各成一书，记法与上述《老子》传本不同。邻氏、傅氏、徐氏二书均将经传合为一本，而其篇数各不相同，当为此三书所采用的《老子》

经文分篇不同所致。刘向《说老子》一书,题名中无"经"字,且其篇数与邻氏一致,因此刘向之书或为据邻氏之经而叙其"说"。"传"与"说"均为释"经"之文,但二者文体不同。"传"为记录师说,传示经义之文。如《春秋》之《公羊》《穀梁》二传《仪礼》之《丧服传》《礼记》之《间传》《大传》《尚书》之《大传》。《邻氏经传》恐怕也属于此种文体,故而班氏于其下注曰"邻氏传其学"。"说"则为广采外事杂说,推衍经义之文,如《韩非·内、外储说》之类。《韩诗外传》中引《春秋》杂说,推衍《诗经》之义,是以也当属"说"之类,而不属"传"之正体。故称其为外传,以区别于内传。惟邻氏之书中有"经传"而无"说",故刘向著《说》四篇以补其文。刘向《说老子》今已不传,但《新序》《说苑》书中应存有《说老子》部分佚文。《新序》卷四,一事。《说苑》卷七,一事;卷十,三事;卷二十,一事。

《说老子》文体当与《淮南子·道应训》《韩非子·喻老》相似。《韩非子》书中有《解老》一篇,其文体与《喻老》不同,多述训诂义理以阐明经义,疑其为"传"之体,而《邻氏传》也当为此种文体。要之,汉人解《老子》的著作今已不传,但幸而《韩非子》《淮南子》中多存其遗说,借此可以想见前汉时期《老子》之大略。

宋代董思靖于《道德真经集解序说》中引刘歆《七略》曰:

刘向定著二篇八十一章，上经三十四章，下经四十七章。道藏短字号《道德真经集解序说》引。

宋代谢守灏《混元圣纪》又引《七略》曰：

刘向雠校中老子书二篇、太史书一篇、臣向书二篇，凡中外书五篇，一百四十二章，除复重三篇六十二章，定著二篇八十一章：《上经》第一，三十七章；《下经》第二，四十四章。道藏与字号《混元圣纪》卷三引。

据此可知，《老子》分为上下二篇八十一章，当为刘歆《七略》所定。《七略》既佚亡已久，董、谢二氏从何处引其文，今已不详，且二氏所述上下篇章数也有所不同，《汉书·艺文志》中也未曾著录二篇八十一章本，因此二氏之言不足采信。但太史公已有明言，老子书分上下篇。《汉书·扬雄传赞》亦曰："昔老聃著虚无之言两篇。"可知两汉时《老子》传本已分为上下两篇无疑。

魏晋以后注《老子》者甚多，陆氏《释文·叙录》所载共三十一家。其余前人所注，而陆氏不及采录者，亦不知几何。然而历世久远，其书大多亡佚，不得其传。查陆氏《释文》中《老子音义》，其征引之处，唯有河上公、严遵、钟会、王弼、张嗣、王尚、孙登、张凭、杜弼、梁文、梁武、周弘正、顾欢十三家而已，不及《叙录》所载之半。盖《叙录》为参酌阮氏《七录》、王氏《七志》之类所作，所载书籍未必为陆氏亲见。由此可知，隋唐之际的《叙录》中所载书籍大多已不可见。隋唐以后，注《老子》之书其名可考者亦近二百种。存于道藏者，过四十种。然而后世注本，经注家改易之处极多，不足采信。《老子》古注中足以信凭，且流传至今者，唯有王弼、河上公二注而已。

二 河上公本的来历

陆氏《释文》中叙述河上公本来历如下：

> 河上公章句。不详名氏。文帝征之，不至，自至河上责之。河上公乃踊身空中，文帝改容谢之。于是授文帝以《老子章句》四篇。

据文中所述，河上公注或成书于汉文帝时，但文中所载事迹荒诞不经，不可采信。盖陆氏之说，或本之于《老子序诀》。《老子序诀》之文如下：

　　老子体自然而然，生乎太无之先，起乎无因，经历天地终始不可称载。终乎无终，穷乎无穷，极乎无极，故无极也。与大道而伦化，为天地而立根，布气于十方。<small>宋本"布气"作"布炁"。</small>抱道德之至纯，浩浩荡荡，不可名也。焕乎其有文章，巍巍乎其有成功，渊乎其不可量，堂堂乎为神明之宗，三光持以朗照，天地禀以得生，乾道运以吐精，高而无民，贵而无位，覆载无穷，是教八方诸天，<small>"是教八方"，宋本作"阐教八方"。</small>普弘大道。开辟以前，复下为国师，代代不休，人莫能知之。匠成万物，不言我为，玄之德也。故众圣所共尊。道尊德贵，莫之命而常自然，惟老氏乎！周时复托神李母，剖左腋而生，生即皓然，号曰老子。老子之号，因玄而出，在天地之先，无衰老之期，故曰老子。世人谓老子当始于周代。老子之号始于无数之劫，甚窈窈冥冥，眇邈久远矣。世衰，大道不行，西游天下。关令尹喜曰："大道将隐乎？愿为我著书。"于是作《道德》二篇，《五千文》上下经焉。夫《五千文》宣道德之源，大无不包，<small>宋本作"苞"。</small>细无不入，天人自然经也。余先师有言：精进研之，则声参太极。高上遥唱，诸天欢乐，则携契玄人。<small>宋本"携"作"擕"。</small>静思期真，则众妙感会；内观形影，则神气长存。体冶道德，则万神震伏。祸灭九阴，福生十方，安国宁家，孰能知乎？无为之文，涝之不辱，宋本"涝"作"誇"。饰之不荣，挠之不浊，澄之不清，自然也。应道而见，传告无穷，常者也。故知常曰明。大道何为哉，弘之由人。斯文尊妙，可不极精乎！粗述一篇，唯有道者宝之焉。

河上公者，莫知其姓名也。汉孝文皇帝时，结草为庵于河之滨，常读老子《道德经》。文帝好《老子》之言，诏命诸王公大臣州牧二千石朝直众官，皆令诵之。有所不解数句，宋本"句"字下有"时"字。天下莫能通者。闻侍郎说河上公诵《老子》，宋本"侍郎"下有"裴楷"二字。乃遣诏使赍所不了义问之。宋本"赍"作"赍"，"赍""赍"字同。玄嶷《甄正论》引无"诏"字。公曰："道尊德贵，非可遥问也。"文帝即驾从诣之。帝曰："普天之下，莫非王土；率土之宾，《甄正论》引"宾"作"滨"。莫非王臣。域中有四大，王居其一也，子虽有道，犹朕民也，不能自屈，何乃高乎？朕足使人富贵贫贱。"须臾，河上公即捬掌坐跃，宋本"捬"作"拊"，《甄正论》引作"抚"。冉冉在虚空之中，如云之升，宋本"升"作"昇"。去地百余丈而上玄虚。良久，俛而答帝曰："余上不至天，中不累人，下不居地，何民之有。陛下焉能令余富贵贫贱乎？"帝乃悟，知是神人，宋本"悟"下有"之"字。方下辇稽首礼谢，《甄正论》引作"帝方悟是神人，乃下辇再拜而谢之"。曰："朕以不德，忝统先业，才不任大，忧于不堪，虽治世事，而心敬道德，直以闇昧，多所不了。宋本"闇"作"暗"。惟蒙道君弘愍，有以教之，则幽夕睹太阳之耀光。《玄言新记》"夕"作"夜"，宋本"耀"作"曜"。河上公即授素书《老子道德经章句》二卷，谓帝曰："熟研此，则所疑自解。余注是经以来千七百余年，《玄言新记》"余"上有"自"字，"註"作"注"。凡传三人，连子四矣，勿示非其人。"文帝跪受经。言毕，失公所在。论者以为：文帝好老子大道，世人不能尽通其义，而精思遐感仰彻，太上道君遣神人特下，教之便去耳。恐文帝心未纯信，故示神变以悟帝意，欲成其道真。时人因号曰河上公焉。

老子以上皇元年正月十二日丙午太岁丁卯下为周师，《玄言新记》"老子"上有"太极左仙公葛玄曰"八字，"元年"作"九年"。到无极元年太岁癸丑五月壬午去周西度关。关令尹喜宿命合道，预占见紫云西迈，知有道人当度，仍斋洁烧香，想见道真，以其年十二月二十五日，老子度关也。喜见老子，迎设礼称弟子。《玄言新记》及敦煌无注《老子》卷首，作"奉迎设礼，自称弟子"。老子曰："汝应为此宛利天下弃贤世传弘大道，子神仙者矣。"以二十八日中授太上《道德经》，《玄言新记》及敦煌本《老子》并作"廿八日日中时"。义洞虚无，大无不包，"包"作"苞"。细尢不入，圣王不能尽通其义。昔汉孝文皇帝好老子大道，敦煌本《老子》作"孝皇帝好文道"。从容无为之堂，《玄言新记》及敦煌本《老子》"从容"作"纵容"。叹凡圣无能解此玄奥，《玄言新记》"奥"下有"而"字。精思远感上彻，太上道君遣神人下授文帝希微之旨，道人即信誓传授。至人比字校定，外儒所杂传多误，《玄言新记》"所"下有"行"字。今当参校此正之，《玄言新记》"比"误作"此"。使与玄洞相应。十方诸天人神仙、天地鬼神所宗奉文同，无一异矣。吾已于诸天神仙大王校定受传，《玄言新记》"大王"作"大圣"。天人至士贤儒，当宗极正真，弘道大度，何可不精得圣人经文者乎？吾所以有言此，欲正玄妙于天地人耳。今说至矣、明矣！"说"下有"是"字。夫学仙者，必能弘幽赜也。道士郑思远曰：余家师葛仙公受太极真人徐来勒《道德经》上下二卷，仙公曩者所好，如亲见真人，"如"字《玄言新记》作"加"，敦煌本《老子》亦同。教以口诀，云：此文道之祖宗也。诵味万遍，夷心注玄者，皆必升仙。尤尊是书，日夕朝拜。朝拜愿念，具如灵宝法矣。学仙君子，宜弘之焉。"仙公常秘此言，无应仙之相好者不传也。

上文载于道藏靡字号《道德真经集注》卷首，文中谬误极多，多处文字难读难解。然而其中第一、二段，亦载于宋本河上公注《老子》卷首。第二段内容大部为释藏玄嶷《甄正论》所称引。第三段存于敦煌无注本《老子》法国人伯希和所获敦煌古抄本之一,《伯希和目录》二三二九。及《玄言新记明老部》《伯希和目录》二四六二。卷首。今参照以上诸本,订正其文中讹误。上文夹注中已标示其文本异同之大略。所谓《道德真经集注》,乃集唐明皇、河上公、王弼、王雱四家注为一本之作。其卷首,先记唐明皇序,其次别起一行,题"左仙公葛玄传"六字,再次录上举三段之文,最后载王雱序。盖四家集注本编者似以此三段之文为葛玄序,而不以之为《老子序诀》。判断此为《老子序诀》之文的依据另在他处。《伯希和目录》第二四〇七号有题为"老子道德经序诀 太极左仙公葛□□"的断简,仅存有卷首二十五行,每行十七字。其文与四家集注本中葛玄序第一部分一致。是以四家集注本所谓葛玄序即为《老子序诀》。此其一。

其次,《初学记》卷二十三中引《道德经序诀》:

> 周时复托神李母,剖左腋而生;生即皓然,号曰老子。

此处与第一段中文辞一致。《太平御览》卷六百六十七中引《道德经序诀》:

> 尹喜知紫气西迈,斋戒想见道真。及老子度关,授二篇经义。

　　此文也当来源于前文第三段，乃节略原文而成。是以四家集注本中葛玄序即为《老子序诀》。此其二。

　　再次，敦煌本《玄言新记》卷首，亦载此序。（上半部分亡佚）其后题"太极隐诀"四字。敦煌无注本《老子》卷首亦载上文第三段之文，其后题"太上隐诀"四字。该四字后更有十二行文字：

先烧香整服礼十方三拜心存玄中大法师左
子河上真人尹先生因开经蕴咒曰
玄玄至道宗上德体洪元天真虽远妙近缘
泥丸君宫室皆七宝窗牖自有分清净常致
其驾景乘紫云日月左右照升仙长年全七祖
上生天世为道德门
毕扣齿卅六通咽液卅六过先心存左青龙
右白虎前朱雀后玄武足下八卦神龟卅六师
子伏在前头十七星五藏生五气罗文覆身
上三一侍经各从千乘万骑天地各有万八千玉
女玉童卫之
口诀读经五百言辙叩齿三咽液三也

　　想来此十二行当为"太上隐诀"之文，上文第三段末有"教以口诀"一文,该口诀即指此"太上隐诀"。且序文后载以口诀,正与"序诀"之名相合。是以四家集注本中葛玄序即为《老子序诀》。此其三。

我最初依据理由二、三,推测此文为《老子序诀》中的一部分。将此论与友人石滨学士讨论后,石滨学士以他在法国国家图书馆中经眼所记,提出了理由一,更证明了推测无误。

所谓《老子序诀》,在两《唐志》中记为《老子道德经序诀》二卷,并称其为葛洪所作。《隋志》引梁《录》,记为《老子序次》一卷葛仙公撰。《新唐志》中著录成玄英《老子开题序诀义疏》七卷。由题名可知,成玄英《义疏》中也附有《序诀》。梁《录》中的"老子序次"当为"老子序诀"之误。但所谓葛仙公撰,是指葛洪所撰还是葛玄所撰,已不可考。

四家集注本中题有"左仙公葛玄撰",可见四家集注本编者将此文视为葛玄所作。从明代世德堂本《老子》,直至今本河上公本,卷首都仅记载前文的第一段,并将其视为葛玄序。宋刊河上公本旧藏于士礼居,今藏于常熟瞿氏铁琴铜剑楼,影印收录于《四部丛刊》。将第一段与第二段河上公事迹始末并记为一文,并记为葛玄序,但不载前文第三段。按:前文第二段内容与唐代僧人玄嶷《甄正论》所引葛玄老经序一致,由此可知,唐初时该文便被视作葛玄所作。缩藏露帙八之八十五。又,唐代僧人法琳《辩正论》卷五云:

> 葛仙公序云，老子以上皇元年太岁丁卯二月十二日丙午为周师者，即桓王丁卯之岁也。又云无极元年太岁癸丑五月壬午去周西度关者，即是敬王癸丑之岁。缩藏露帙八之四十四。

此处所谓葛玄序之文，与前文第三段开头内容一致，也可旁证唐代时该文即被视为葛玄所作。

然而此说仍有可疑之处。敦煌本《玄言新记》中第三段前，记有"太极左仙公葛玄曰"八字。如果前两段与第三段均为葛玄序之文，那便不用特意在第三段前标注"葛玄曰"。又第三段开篇至"不能尽通其义"，所载内容与第一段葛玄序中所述，虽然文辞有所不同，但内容意义大致相同。很难想象葛玄一人对《道德经》重复写作了两篇内容相同的文章。另外，第三段结尾部引道士郑思远之言，"余家师葛仙公"一文也极为可疑。《晋书·葛洪传》曰：

> 葛洪字稚川，丹阳句容人也。从祖玄，吴时学道得仙，号曰葛仙公，以炼丹秘术授弟子郑隐，洪就隐学，悉得其法焉。

此外，葛洪《关尹子序》曰：

洪体存蒿艾之质，偶好乔松之寿，知道之士虽微贱，必亲也；虽夷狄，必贵也。后遇郑君思远，郑君多玉岌琼符之书，服饵开我以至道之良药，呼吸洗我以紫清之上味，后属洪以尹真人《文始经》九篇。引自严可均《全晋文》。

且《抱朴子·金丹篇》曰：

昔左元放于天柱山中精思，而神人授之金丹仙经。（中略）余从祖仙公，又从元放受之。（中略）余师郑君者，则余从祖仙公之弟子也，又于从祖受之，而家贫无用买药。余亲事之，洒扫积久，乃于马迹山中立坛受之，并诸口诀。

参考以上内容，可以推想第三段并非葛玄所作，而是出自葛洪之手。

此外，第二段文气与第一段并不相似，而与《神仙传》中《河上公传》类似。因此第二段并非出自葛玄之手，而是后人修改《神仙传》之文，并将其附记于葛玄序文之后的产物。果如此，则以上三段文章，唯有第一段可确信为葛玄所作，其余部分似当为葛洪之文。也就是说，《序诀》中既有葛玄之文，也有葛洪之文。由此可以说明，为何梁《录》中将其视为葛玄所作，而《唐志》中记为葛洪所作。盖因最初的序文出自葛玄，梁《录》

误将《序诀》全篇当成葛玄所作。《唐志》题其全篇编修者之名，而将之视为葛洪所撰。

以上内容考证了《老子序诀》作者为谁，我将据此推测《老子》河上公注的成书年代及事迹由来。

熟读前文第一段葛玄序内容，可知序中仅记载了老子为关尹著《五千言》之事，盛赞《道德经》经文，却无一言及于河上公。因此并不能确定此文是否为河上公注本所有。《宋史·艺文志》著录葛玄《老子道德经节解》二卷，《图书集成》中将葛玄序记载为《节解》之序。据此推测，葛玄序并非为河上公注所作，而是为另一本题名为《节解》的注本所作。《宋志》又著录《谷神子注经道德经疏》二卷，其下注有"河上公、葛仙公、郑思远、睿宗、玄宗疏"。可见河上公注之外，另有葛仙公注本，并且此处葛仙公注或许即为前文所述《节解》。《节解》二卷，在隋、唐《志》中均有著录，但未曾记录作者姓氏。陆氏《释文》注曰："不详作者，或云老子所作，一云河上公作。"此书今已不存，不可知其详。从"一云河上公作"一语来看，其内容或与河上公注类似。《抱朴子·遐览》中记载有《节解经》一卷，或即为葛玄所作《节解》。要言之，葛玄当并不知河上公注的存在，其序文乃为《节解》而作。

（道藏信字号《道德真经注疏》中多处引用《节解》，其内容与法琳《辩正论》卷二中所引《五千言解节中经序》之说相符。此处法琳所引文字也可见于祥迈《辨伪录》。《辨伪录》中将其称为老子授尹喜节要。所谓《解节中经》当指《宋志》中所载"《老子道德内节解》题尹先生注"。《道德真经注疏》所引《节解》当为此《内节解》而并非葛玄所著《节解》。）

　　第二段内容与《神仙传》大致相同，但也有多处经过了后人的校正改易。第二段中有"河上公即授素书《老子道德经章句》二卷"一文，但在《神仙传》中仅作"公乃授素书二卷"，此为一例。所谓"素书"，是与"天书"相对之语，而并非特指老子《五千言》。《隋书·经籍志》。熟读《神仙传》之文，则可知此处"素书"指河上公注《老子》。可以确认《神仙传》作者葛洪知晓河上公注《老子》的存在。

　　第三段之文又可分为四节。第一节记载老子为关尹作《五千言》。第二节叙述老子遣神人向汉文帝传授《五千言》要旨。第三节叙述文章校定过程。第四节记录其书的传授过程。

　　盖前一节内容当是从前文《节解序》中衍生而成，第二节叙述河上公注由来，第四节中讲述河上公注从徐来勒至葛玄、郑思远再至葛洪的授受过程。第三节中叙述其校定过程，曰：

　　　　外儒所行，杂传多误，今当参校比正之。使与《玄洞》相应，十方诸天人神仙天地鬼神所宗奉文同无一异矣。吾已于诸天神仙大王校定受传。

此处"玄洞"当指《抱朴子·遐览篇》所载《玄洞经》十卷。而"吾已……校定受传"中的"吾"当为葛洪自称。据此，我推测，河上公注《老子》本诸葛玄所作《老子节解》，由葛洪参照《玄洞经》整理而成。葛洪假托河上公，称其书经葛玄、郑思远、葛洪传授而来。《神仙传》中称老子《五千言》为"外损荣华，内养生寿"之道，其义与河上公注相合。也可旁证河上公注为葛洪一家之学。

三　河上公本二种

宋代彭耜《道德真经集注杂说》道藏ㄥ字号中引谢守灏《老君实录》，称唐代傅奕考核众本，勘数其字，发现河上公本有五千三百五十五字及五千五百九十字两种版本。元代祥迈《辨伪录》中记载有道藏伪经烧毁目录，其中有谢守灏《太上实录》。《太上实录》应当为《老君实录》，其书今已不传。但此处引文可见于道藏《混元圣纪》卷三。陆氏《释文》中，有如下记载：

第廿一章"吾何以知众甫之状哉"。河上一本直云"吾何状也"。

第四十一章"夷道若纇"。河上作"类"，一本作"纇"。

第四十九章"歙歙"。河上本作"怵"，简文云：河上本作"怵"。

第五十五章"而全作"。河上作"峻"，子和反。一本作"朘"。

以上记载均并举河上公本与"一本"，可见当时的传本便已有不同。此外，研究现存唐代碑文，也可知河上公本存在两种不同的传本，可旁证谢守灏所记不妄。

现存《道德经》碑中以景龙碑为最古。邓嘉缉字熙之，江宁人。《上谷访古记》曰：

> 景龙碑在龙兴观，碑高五尺四寸，广二尺五寸，景龙二年正月正书。碑阳《道经》三十二行，行七十字、七十一字不等。第一行题"老子《道经》"，额十二行，行二字，末行一字。碑阴《德经》三十三行，行八十字至八十四五字不等。第一行首题"老子《德经》"，左右碑侧正书凡四层，题本州刺史及本观道士名。《畿辅通志》百五十引。

此碑最初著录于《潜研堂金石文跋尾》，严可均、魏稼村曾校勘其文。《金石萃编》及《绩语堂碑录》。数年前，我游历中国之时，曾前往易州龙兴观拓印该碑文。碑中虽未明记经文为河上公本，但从其内容及碑文刻立年代推算，文中经文当为河上公本无误。

（一）《唐六典》中记载国子监所教授经文："《孝经》《老子》，并用开元御注。旧《令》:《孝经》孔安国、郑玄注，《老子》

河上公注。"由此可知，在玄宗注成书之前，河上公注曾充当国子监教科书。太宗时，魏徵等编纂的《群书治要》中收录有河上公注《老子》。高宗之时，贾公彦所著《周礼疏》也引用河上公注。《地官·师氏》及《考工记·轮人》疏。贾公彦之子贾大隐所著《老子述义》也祖述河上公注义。该书今已亡佚，但《弘决外典钞》以及日本旧钞本河上公注的栏外部分多处引用其文。章怀太子《后汉书注》《翟酺传》。中也引用河上公注。以上各书足证河上公注曾风行于初唐之时。景龙碑刻成于景龙二年，据此推想，其碑文当为河上公本。

（二）比较陆氏《释文》与《景龙碑》，可见陆氏所举河上公本特征，大多也存于此碑文之内。

第七章，王弼本"非以其无私邪"一文，河上公本作"以其无私"。《景龙碑》亦与河上公本同。

第四十六章"祸莫大于不知足"句前，河上公本中有"罪莫大于可欲"一句。《景龙碑》亦同。

第五十五章"蜂虿虺蛇不螫"，河上公本作"毒虫不螫"四字。《景龙碑》亦同。

第七十八章"天下莫柔弱于水"，河上公本作"天下柔弱莫过于水"。《景龙碑》亦同。

以上大致列出了陆氏所举河上公本与其他版本的不同之处，并将其与《景龙碑》进行了对比。具体的一字一句上，碑文与河上公本还是有一些不同。这或许是因为碑文据他本有所校改，而有失河上本原貌。大体而言，碑文仍保持了河上公本的主要特征。也可旁证此碑文当为河上公本。

（三）此碑文中省略了诸多助字，在现存的《老子》经本中其文辞最为简明扼要。与该碑正文相似者，唯有敦煌无注本《老子》《伯希和目录》第二三二九号。及永寿灵壶斋所藏敦煌本《老子》该本亦为无注本，我仅见其下经之卷首。其样式笔迹与伯希和本极为相似。二本而已。今以该二本照片，与《景龙碑》相校，虽有一二字之小异，但大体与《景龙碑》一致。此二抄本也具有河上公本特征，并且伯希和本卷首还存有河上公本序文。由此可知，此二抄本为河上公本，同时也可旁证《景龙碑》亦为河上公本。

据以上三点，可以认为，《景龙碑》为河上公本《老子》。

今丹徒焦山定慧寺中，存有唐僖宗广明元年所刻《老子》经幢。此幢为咸丰五年乙卯。归安吴云号平斋。得之于海陵江苏泰县，后移置于定慧寺。吴云所著《二百兰亭斋金石记》中，载有该经幢校勘记。魏锡曾号稼村。所著《绩语堂碑录》中亦收录其全文，并附记其由来。我曾前往焦山游览，目睹该经幢并购买其拓本而归。该经幢上半截已损毁遗失，今仅存下半截。共有八面，每面宽四寸四分至四寸七分，高一尺三寸，石质脆裂，似曾蒙火劫，文字剥蚀，以致多处无法阅读。末行刻"三娘　次二十四娘　广明元年十一月　日建"。此经幢所刻只有《老子》经文，而不载注文。但第四面刻有"老子道德经河上公章三"，由此可知该经文为河上公本。今试将幢中所存文字与河上公诸本校读，日本所传旧钞本与此幢文最为相近，道藏本次之。至于建安虞氏本、世德堂本以及以这些版本为底本的后世诸多版本，则与之大不相同。日本旧钞本保留唐代旧貌甚多，可以依据日本旧钞本，补全广明经幢所缺佚文字。

日本所传旧钞本河上公本颇多，我曾目睹其中五种：

一、天文钞本。此本原为大阪儒者伊藤介夫所藏，今保存于大阪府立图书馆。卷首有《老子经序》，但未注明作者，且内容与葛玄序不同。卷头题"老子道经上"，其下方署"河上公章句第一"。每章章前不题章名，仅另起一行以换章。但层栏中写有"道可道第一，一本体道第一"等字样。似乎是将开元本章名与河上本章名并举而成。下卷卷端题"老子德经下"，下方署"河上公章句第三"。卷末记"天文十五年守梁轩圭韵"。

二、泷川本。此本为泷川君山翁得之于仙台书肆。书中未记书写年代，从其纸墨状况推测，当亦为足利幕府季世之物。卷首题"老子经序"，其下方空二格有"葛洪序"三字，下方又空二格署"见述义"三字。次行低一格，记有"述云凡五千三百二言《道经》二千三百八十二字，《德经》二千九百二十字也"。其后有序，序后低一格记有"体道章第一"，其下又空数格，署"河上章句"四字。其后为经文，栏外杂引诸多典籍，其内容往往涉及贾大隐《述义》。

三、宝左盦本。此本为我恩师内藤湖南教授所珍藏。我曾借阅校勘，其经注文字与泷川本大致吻合。栏外有注文，内容多涉及贾大隐《述义》。可惜其上卷今已亡佚。

四、近卫公爵家本。京都帝国大学所藏近卫公爵家托管版本之一。书写年代不详，卷首序文题"葛洪撰"，与泷川本相同。

五、圣语藏本。我未见原本，仅见其影印本。影印本卷末有我恩师半农先生跋文。跋文中叙述该本优点甚为详尽。该本为镰仓时代钞本，每章前仅写有河上公本章名，而不写开元本章名。且第六十三章后，每章前空一行，不题章名。疑河上公原本每章仅改行以示换章，今章名乃后人所加。今依该本以及《群书治要》所收河上公注、敦煌无注本《老子》，犹可想象河上公注本原貌。可惜该本上卷今已亡佚。

以上诸本之间也有一些不同之处，文中也当有所谬误，但与南宋以后诸版本相比，仍可谓相距千里。对比诸本，校正其讹误，则可以复见唐代河上公本之旧貌。听闻法国巴黎国家图书馆藏敦煌写本中有多份唐钞河上公经注本残卷。若得以对校该卷，想必能有所发现。可惜我未得机缘，今唯有对比于日本旧钞本，立论一二。

四 二种河上公本的关系

对比日本旧钞河上公本之经文与《景龙碑》，二者不同之处甚多。今试摘出二三章，示其大略如下：

一、大道废<u>焉</u>有仁义。智惠出<u>焉</u>有大伪。六亲不和<u>焉</u>有 _(知)

孝慈。国家昏乱<u>焉</u>有忠臣。第十八章
_{(人)(智)}
_(亂)

二、孔德之容。唯道是従。道之为物。唯悦唯忽。忽<u>兮</u>悦<u>兮</u>。 _{(得)(従)(恍)(恍)}

<u>其</u>中有象。悦<u>兮</u>忽<u>兮</u>。<u>其</u>中有物。窈<u>兮</u>冥<u>兮</u>。<u>其</u>中有精。其 _(恍)

精甚真。其中有信。自古及今。其名不去。以阅众甫。吾何以知众甫<u>之然哉</u>。以此。第二十一章

敦煌无注本"得"作"德"，与钞本合；"忽恍中有象，恍忽中有物"二句，作"惚恍中有物，惚慌中有像"，与王弼注义合；"众甫"作"终甫"，"终""众"音同。

三、以道佐人主者。不以兵强<u>于</u>天下。其事好还。师之所处荆棘生<u>焉</u>。大军之后。<u>必有凶年</u>。故善者果而已。不<u>敢</u>以 _(作)

取强<u>焉</u>。第三十章
_{(蕀)(荒)}

《广明幢》"凶年"作"荒年","年"下无"故"字。旧钞河上公诸本均作"凶年","年"下有"故"字，盖河上公真本原有"故"字而幢文中脱此字。

上文诸例，以大字列出旧钞本经文，经文下方加着重点者，为广明幢残存文字。经文上方小字为广明幢与旧钞本相异之字。方格内文字为景龙碑所佚文字。经文下方小字，为碑文与钞本相异之字。

通览以上三例，可见旧钞本与《景龙碑》均为河上公本，后者较之前者文辞更为简明，且助字更少。由此可以证明李唐以前，河上公本已存在两种版本。前文所述傅奕考核众本，见二种河上公本云云，盖因两种经本有所不同而致。

以上两种经本，一见之下便可发现大有不同。详细比对全书，可见与钞本相比，碑文省略了大量助字。碑文中有两处内容，乃据王弼本校改抄本而成。将此二本与《韩非子》《淮南子》所引《老子》内容对比，似乎以钞本更为古旧，碑文当为后世删订而成。

此外，前文第三例中，碑文不仅删去了助字，并且缺失了"大军之后，必有凶年"八字。此处敦煌无注本有缺文，据马叙伦《老子覈诂》记载，罗振玉所藏唐写本卷子中亦缺此八字。焦弱侯《老子考异》也记载碑文中无此八字。焦氏所引碑文为道藏罔字号所收龙兴碑《次解》本。此处当并非《景龙碑》误脱。清儒严可均主张《老子》旧本原无此八字，今本有之，乃后世注文窜入正文所致。今按：王弼未注此八字，此八字或为王弼注文。今本《释文》中标出"凶年"二字，其下注"天应恶气，灾害五谷，尽伤人也"，显示王弼本经文中有"凶年"二字。此处恐是今本《释文》有误。盖《释文》此注十二字与河上公注相同，且查阅《释文》全书，几乎没有不比较诸本异同，不注音，仅述字义之处。此处《释文》原文当作：

> 大军之后，必有凶年。河上本经，注云：天应之以恶气，灾害五々谷々，尽伤人也。[1]

《释文》条例云：

> 先儒旧音，多不音注。然注既释经，经由注显，若读注不晓，则经义难明。混而音之，寻讨未易。今以墨书经本，朱字辨注，用相分别，使较然可求。旧音皆录经文全句，徒烦翰墨，今则各标篇章于上，摘字为音，虑有相乱，方复具录。唯《孝经》童蒙始学，《老子》众本多乖，是以二书特纪全句。

1　此处为作者推测，译文据原文，并保留了日文重文符号。——编注

《释文》原本当录有《老子》经、注全文，以墨字书写经文，朱字书写注文，再于其下施以音释。然而这种以朱、墨分别书写经、注的方式，在抄写时过于麻烦。唐代的钞胥，或许将经、注均以墨字书写，仅在注文之上标上朱点加以分辨。《尚书》释文断片，《伯希和目录》三三一五。抑或是经、注均以墨书，且不加朱点。《易》释文残卷，《古籍丛残》收。直至宋人刊行之时，仿效其他经文之例，仅将《老子》经文摘字标出，而大失陆氏原貌。道藏长字号《道德真经集注杂说·下》引《宋会要》曰："景德二年，孙奭言唐陆德明撰《经典释文》三十卷内《老子》释文三卷。（按："老子"当作"庄子"）今诸经及《老子》释文共二十七卷，并已雕印颁行。唯缺《庄子》释文三卷，欲请依《道德经》例，差官校定雕印。诏可。"由此可知，《老子》释文刊行于景德元年以前。可以推测，旧钞本《释文》中此条内容已经不加朱书。宋人校印之时，又误将此句当作经文，且仅标出"凶年"二字，而删除其上方六字。由此《释文·老子音义》中河上公注与王弼注的不同之处，再也无可分别。后人便肆意删除了《释文》中区分二者的内容。该内容便仅存于河上公注中。河上公注中此处内容也由于文字脱乱，而无可读解。若果真如此，则《景龙碑》无此八字，乃据王弼本校改而成，而并非河上公本原貌。

与之相同的例证可见于敦煌无注本中。在我亲见的诸多版本中，以敦煌无注本与《景龙碑》最为相近，但文中仍有数处不同。前文所举第二条即为一例。《景龙碑》记为：

> 忽恍中有象，恍忽中有物。

此句为河上公旧本删除助字而成。而敦煌本中则将二句颠倒，记为：

> 惚恍中有物，惚慌中有像。按：道藏冈字号《道德经次解》本亦同于敦煌本。

"惚恍""忽恍"为同音通假字，有所混淆也不足为怪。但"物象"二字的颠倒，却很值得注意。现存王弼本中，将"象"字置于前，"物"字写于后，与河上公本同。该段中王弼注文如下：

> 恍兮惚兮，惚兮恍兮，其中有象也。

由此注文可见王弼原本中，当将"物"字置于前，"象"字在后。若果真如此，则可推论敦煌无注本此句乃据王弼本校改而成。由此观之，《景龙碑》本以及与其类似的经本，均为据王弼本校改河上公本而成，当形成于河上公原本之后。

要之，河上公本有两种版本，一种为与钞本类似的详本，另一种为与《景龙碑》类似的略本。略本是在详本的基础上，删除助字，并依据王弼本校改而成的产物。但是，同一河上公本何以形成详略两种版本呢？这一问题，尚未有所定论。但我推测，这或许与经文所流传的地域不同有关。据陆氏《释文》所述，南北朝时，河北与江左地区风俗言语各不相同，所采用的儒学经典也有所不同。又《颜氏家训》曰：

> "也"是语已及助句之辞，按："语"当作"诸"。文籍备有之矣，河北经传，悉略此字。（中略）又有俗学，闻经传中时须也字，辄以意加之，每不得所，益成可笑。《颜氏家训·书证篇》

由此可知，河北本中助字较少，江左本助字较多。河上公本两种不同版本的差异，当也源于河北本与江左本的不同。唐代统一南北，形成大一统国家，两种版本便并行于世。如今景龙碑存于北方直隶地区，广明幢出自江苏泰县。由此也可推想两种经文流传地域之不同。

第三章

《老子》传本考下

一 《玄言新记道德》

王弼，字辅嗣，山阳人。其生平始末可详见于《魏志·钟会传》注所引何劭著《王弼传》。殁于正始十年，年仅二十四。其著作中，以《易注》及《老子注》最为著名。王弼所注《老子》，《隋志》著录为《老子道德经》二卷 王弼注，而《旧唐志》中则改题为《玄言新记道德》二卷，《新唐志》中则将《玄言新记道德》二卷视为王肃所撰，同时另记有王弼注《新记玄言道德》二卷。然而王肃著有《老子注》之事，未见于其他文献。《四库提要》曾论证，此为《新唐书》误将一书当作二书之故。此论可从。盖王弼注原本题为《老子道德经》，其后改题为《玄言新记道德》或《新记玄言道德》。王弼注《老子道德经》何以要改称《玄言新记道德》或《新记玄言道德》呢?这一问题非常值得深究。

巴黎国家图书馆所藏敦煌古写本中,存有《玄言新记明老部》残卷《伯希和目录》二四六二号。卷首虽遭损毁,但开头部分仍存有河上本《老子序》见本书第二章第二节。后半部分。其后题字两行:

　　太极隐诀　颜监注　秘书监上护军琅耶县开国子颜仙字师古。《玄言新记明老部》卷第一

次行题"老子道德经上"。其后讨论八十一章先后次序之由来。第二卷之首,题"玄言杂记明老部卷第二"。第三卷至第五卷末,题"玄言新义卷第三"无"明老部"三字、"玄言新记明老部卷第四"、"玄言杂记明老部卷第五"等字样,并且并未完本。每书题下,空两三格,署"颜仙字师古"。遍览全卷,此卷或为王弼注义疏之卷首。第四卷末尾叙述了今本《老子》第五十章之要旨。因此,敦煌古写本《老子》全部内容可能共有七至八卷。《日本见在书目录》记载有"《老子义疏八》王弼"一书,此书或许即为前文敦煌残卷之全本。若果真如此,则可以推论,不仅王弼注本身被称为"玄言新记",王弼注之义疏也被冠名为"玄言新记"。又敦煌古写本标题,每卷各不

相同，王注《老子》有时被冠名为"玄言新记"，有时又被称为"新记玄言"，可能也来源于此。

《隋书·经籍志》记载有"《玄言新记明庄部》二卷 梁潨撰"一书，该书今已不存，作者生平始末亦不详。但由此可知，不仅是《老子》，《庄子》也被冠以"玄言新记"之名。由此推测，可能也存在《玄言新记明列部》《明关尹部》等书。若果真如此，则"玄言新记"并非《老子》一书的标题，而是诸多道家著作集成丛书的总标题。我推测，"玄言新记"当为唐代道藏之中的某一部之名。

按：道藏的编纂始于南朝宋泰始七年（471），陆修静奉明帝敕令，编纂道书目录。其后北周天和四年，再次编纂道书目录。翌年天和五年（570），又编纂玄都观目录。以上内容可见于甄鸾《笑道论》。释藏缩藏露帙五《广弘明集》。明代胡元瑞《笔丛》卷四十二引《宋三朝国史志》，将唐代开元年间所整理道书藏目称为《三洞琼纲》。一直到宋代，徐铉等人奉命雠校道藏，大中祥符年间，王钦若奉命依据旧有目录，补刊洞真部、洞玄部、洞神部、以上"三洞"。太真部、太平部、太清部、正一部，以上"四辅"。共四千三百五十九卷。将篇目上呈皇帝之后，被赐名为"宝文统录"。据《四库提要》记载，其时王钦若推荐张君房主其事，君房又取其精要，作《云笈七签》一百二十二卷。张君房之书题名为"云笈七签"，源于该书采

三洞、四辅共七部要旨之故。如今遍览明代道藏，全藏分为
七部，每部又分为十二类。此为宋代以后道藏分类法，与唐
代之前的分类有所不同。甄鸾《笑道论》北周天和五年上。序文曰：

> 《笑道论》三卷，合三十六条。三卷者，笑其三洞之名；
> 三十六条者，笑其经有卅六部。缩藏露帙五《广弘明集》卷九

道安《二教论》称"上清为洞玄，灵宝为洞真，三皇为
洞神"，又称"道经三十六部"，由此可知，北周时期，道书
分为三洞三十六部，而无四辅之名。至唐代，道书藏目又被
称为《三洞琼纲》。敦煌古写本《御制一切道经序》按：该序文
由我恩师狩野直喜先生自欧洲抄录而归，今收录于《沙洲文录补》。记载，文
宗[1]因感伤孝敬皇帝逝世，为之抄写《一切道经》三十六部。
由此观之，北周至唐代道藏有三洞之分，而无四辅之名。

玄嶷《甄正论》又曰：

> 洞者，洞彻明悟之义。言习此三经明悟道理，谓之

1　孝敬皇帝为唐高宗第五子李弘，逝世于675年，唐文宗李昂生于805年，相隔较远，
此处"文宗"或为"高宗"之误。敦煌本《御制一切道经序》未载作者之名，据汤
用彤先生《从一切道经说到武则天》一文，该文或为武则天所作。也有学者认为该
序文为唐高宗所作。——译注

三洞。洞真者，学佛法大乘经，诠法体实相。洞玄者，说理契真。洞神者，符禁章醮之类。今考核三洞经文，唯《老子》两卷，微契洞玄之目。其洞真部，即是灵宝。云云。_{释藏缩藏露帙八《甄正论》卷上}

玄嶷，俗姓杜氏，起初入于道门，则天武后时剃发为僧。曾主持洛阳大恒观，"黄冠之侣推其明哲"。_{《宋高僧传》卷十七。}可以推想，玄嶷当精通道藏。然其论道藏之时，也仅有三洞，而无四辅之名。由此也可证明唐代道藏并无四辅之分。上文中有"唯《老子》两卷，微契洞玄之目"一句，由此可推论唐代道藏中《老子》二卷当属洞玄部，与后世道藏将其归于洞神部有所不同。《老子》既属洞玄部，而洞玄部又为说理契真之书，那么可以推想《庄子》《列子》《淮南》《鬼谷》等诸子之书也当属该部。若果真如此，那么《老子》《庄子》《列子》等书当为洞玄部本经，而"玄言新记"则为其注释。因此，两《唐志》所载王弼注本，当为唐道藏本之零帙。

二 王弼本的原本样式

宋代郑樵所著《通志》，与《新唐志》一样，将《玄言新记》二卷视为王肃所撰，又别记王弼注《老子道德经》二卷。这足以证明在宋代王注本被题为《老子道德经》，而并不题为"玄言新记"。《通志》所记标题与《隋志》所录一致，由此观之，《通志》所录王弼注本当为隋以前之旧本样式。政和乙未（五年）晁说之缮写王弼本《老子》跋文曰：

> 王弼《老子道德经》二卷，弼题是书曰"道德经"，不折乎道德而上下之，犹近于古软。

又有《玉海》卷五十三，引王禹玉之言曰：

> 今资善堂所写御本独章名，章名疑非老氏之意。

此外，乾道庚寅（六年）熊克镂版王注《老子》跋文曰：

> 既又得晁以道先生所题本，不分道德而上下之，亦无篇目。

从以上文献推论，宋代王弼注本当是将上下篇共同署名为"道德经"，而并不像河上公本将上下卷分别题为"道经""德经"。各章节题目，也当与通行河上公本有所不同。清儒钱大昕提出,唐明皇注本《景龙碑》均将上下卷分题为"道经""德经"。武亿认为颜师古及章怀太子注所引《老子》均分题"道经""德经"。见《潜研堂金石文跋尾》及《授堂金石跋》。二人据此主张晁氏所见版本为宋人传写之讹,而并非《老子》传本之旧式。今按:钱、武二人所征引,均为明皇注本及河上公本,虽可证二本均分题"道经""德经",但并不足以证明王弼注本也与之相同。又陆氏《释文》本之于王弼注本,博采众家,而作《老子音义》,其上卷卷首题"老子道经音义",下卷卷首题"老子德经音义"。这似乎可证明王弼本也分题"道德"二字。《释文·老子音义》篇章之首,先标出"道德"二字加以注释,由此观之,"道德"二字即为王本标题,而《释文·老子音义》则先对标题进行了注释。以《释文·庄子音义》为例,《老子音义》原本中卷首也应当题为"道德经音义上",只是后人将其改为今本之形式。因此,晁氏所见版本不分题"道德"二卷,当为王弼原本之旧貌。

此外,遍览王弼注本,可见第二十章注文中引用第四十八章之文,称其为"下篇"。第二十八章注中引四十章之语,称之为"下章"。第五十七章注引第四十八章之文,称之为"上章"。可见王弼确实将《老子》全书分为上下二篇,并划分章次。不过,仍然无法确定王弼是否将其共划分为八十一章。陆氏《释文》中《老子音义》仅分为上下二篇,但不记各章章名,与《孝经音义》中列举各章章名的记法有所不同。因此王弼原本中或许也未记各章章名。熊氏所刻以及晁氏传录本应当也为此旧式。综上所述，晁氏所见《老子道德经》二卷当比两《唐志》所录《玄言新记》更加接近王弼原本。

然而晁氏缮写本以及熊氏刻本均已不传于世。近世所存者，唯有道藏本一种，《武英殿聚珍版丛书》本以及其校刻本数种而已。

道藏得字号王注《老子》，其注文散入经文中，注文也为单行，只是注文文字比经文略小，以区分经注。其文末尾附有晁、熊二人跋文，可知其文以熊刻本为底本。各章之间仅改行以标示，而不加各章章名，与熊氏跋文所述一致。全书分四卷，每卷首题道德真经注卷之几。这一记法与晁、熊所述不同，或为道藏编刻者改易所致。

《武英殿聚珍版丛书》中王注《老子》出自明代华亭张之象万历中人。所著《三经晋注》，文末有晁、熊二人跋文，因此与道藏本属同一系统。但版式与道藏本有所不同。该本经注文字大小相同，注文低一格以区别于经文，各章之间标注"一章""二章"等字眼。卷首题"老子道德经上篇"，下篇标题也如此。

浙江书局校刻王注《老子》，也自称以华亭张氏本为底本。但《聚珍》本依据《永乐大典》标注出与张氏本的多处差异，而这些差异，浙江书局校刻本均依据《聚珍》本加以改订。因此浙江书局校刻本或许是以《聚珍》本为底本，并附印陆氏《老子音义》而成，而并非以张氏本原本为底本。日本传刻有王注《老子》两本，其一出版于享保十七年，附有皁谷东赞所作跋文，其版式与《聚珍》本相同。卷首有河上公序，卷末附有《古今本考正》一卷及附录，栏外有评语。据跋文所述，序、评以及《古今本考正》均为明代孙旷所加，因此该本应当出自孙旷之老、庄合刻本，其渊源似乎也可追溯至华亭本。经文均从河上本，但经文与注文多有相悖之处。其二为明和七年宇佐美惠（灊水）所考订版本。卷首题"老子道德真经卷一"，次行署"魏山阳王弼注"。经文为单行大字，注文为双行小字，每章前记录章次，与《聚珍》本相同。经文文字与道藏本相近，王弼注后以圈标记，分隔王弼注文与《释文·老子音义》内容，《古逸丛书》本《老子》即以此本为底本。

对比道藏本与《聚珍》本，可觉后者标题胜于前者。但道藏本的经注版式以及无章次的记法，似乎比《聚珍》本更近于古。至于内容，两种板本均有多处讹谬，经文注义两相悖反之处也不胜枚举。考之以晁、熊二氏之言，可知宋代传本已有诸多谬误，因此今日欲求王氏注本善本，已为难而又难之事。

三 王弼本校正

如上所述，王弼注本并无善本。但可依照古籍中所征引王弼注内容，订正今本之谬误。

> 谷神不死，是谓玄牝。"玄牝之门，是谓天地根，绵绵若存，用之不勤。"谷神，中央无"谷"者也。无形无影，无逆无违，处卑不动，守静不衰，谷以之成而不见其形，此至物也，处卑而不可得名，故谓 之玄牝。玄牝之门是谓 天地之根，绵绵若存，用之不勤，门玄牝之所由也，本其所由与极同体，故谓之天地之根也。欲言存邪，"则"不可见其形，欲言亡邪，万物以之生，故曰"绵绵若存"也。无物不成，用而不劳也，故曰"用而"不勤也。

以上为道藏本《谷神章》全文，施实心点处为注中所引经文，空心点标示处为误将经文当作注文之处。方框内为补足误脱之字，经文及注文中双引号内文字为衍文。注中删除"无谷"之"谷"字，参照于陆氏《释文》，其他改正之处乃依据《列子·天瑞篇》所引王注。按：王氏注释之例，解释名词之时，必书"故谓之某某"。说明语句之时，必在"故曰"二字之下引用经文中被说明一文。因此，"处卑而不可得名""故谓"之后，不当引"天地之根"等三句。《列子》注所引王注此处与我改订的相同，后文当引"玄牝之门"等四句。盖六朝之时，经注本的体例为经、注均作单行，且经、注文字大小一致，仅空一格以示区别。《礼记子本疏义》体例正如此。抄写者将注文中"故谓之"的"谓"字，误当成经文中"是谓"的"谓"字。其间"之玄牝　玄牝之门是谓"九字中两"玄牝"中当有空格，抄写时误将该空格脱略，致使经注之别无可分辨。因此，后人误将残存经文当成注文，并依据他本在注文之前写入"玄牝之门"以下四句经文。此处虽仅误脱九字，但由此可以想见王弼原本之体例。

又据注中所引经文，可校正今本经文之误。

　　是以圣人居无为之事，行不言之教，万物作焉而不为始。第二章

以上为道藏本经文，《聚珍》本亦与之相同。宋代范应元所著《古本集注》中"辞"字作"为始"二字，且曰"王弼同古本"。是以范氏所见王本与今本不同。按：第十七章王弼注引此章作"大人在上，居无为之事，行不言之教，万物作焉而不为始"。由此可知，王氏原本必与范本相同。不仅句末为"不为始"，"处"字也当为"居"字。此为据注中所引经文订正今本之一例。此外还有多处可依据范应元《古本集注》

订正现行王本之误。

自今及古其名不去。第二十一章

诸王本、河上本均作"自古至今"。唯有范应元《古本集注》以及傅奕本如上所记。范氏《古本集注》中记有"王弼同古本",由此可知宋时王本与今本不同。但据此段经文之后王弼注文推测,似乎当以今本经文为正。泷川氏所藏旧钞河上公注本栏外记有"贾大隐《述义》记载,王弼本作'自今及古',此处为后人所改"。由此推测,王本原本当如范氏古本,后被改为今本之貌。后又依据其所改经文,误改注文内容。此类之例犹多,今仅举一例。

此外也可据《释文》标出文字,校正现行王本之误。

众人熙熙如享太牢,如春登台。众人迷于美进,惑于荣利,欲进心竞,故熙熙若享太牢,如春登台也。我独怕兮,其未兆,如婴儿之未孩。言我廓然,无形之可名,无兆之可举,如婴儿之未能孩也。

以上为道藏本。陆氏《释文》标出文字如下,与今本有所不同。

若亨。普庚反，杀煮也。简文：许庚反。河上作"飨"，用也。

据此可知王本当作"若亨"。"亨""享"古时相通。然而"亨"字本为烹煮之意，陆氏注文曰"杀煮也"，由此可知王本当作"亨"无疑。陆氏所见河上本作"飨"，此源于其作者认为"亨"字为"飨"字之假借，改其本字而成。《庄子·山木篇》中"杀雁而亨之"一文，《吕览·必己篇》中作"飨"。此为古人读"亨"作"飨"之一证。

廓。若廓反，河上本作"泊"，普白反。

由此可见陆氏所见王弼本中，"怕"字写作"廓"。今本道藏本中作"怕"。《聚珍》本作"泊"，均为据河上公本校改所致。王弼注中有"廓然"二字，由此也可旁证经文中作"廓"无疑。

咳。胡来反，《说文》字本或作"孩"。

陆氏此注或当为"《说文》咳字，古文从子，本或作孩"。今本王弼本、河上本中均作"孩"，傅奕、范应元本作"咳"。两字意义相同，今文作"咳"而古文作"孩"，因此应当信从古文，写作"咳"。陆氏所见王本或许有分别作"孩""咳"之两种版本。

以上为据陆氏《释文》标出文字订正王弼本之一例。陆氏《释文》卷首曰："今依王本博采众家以明异同。"可见其标出文字大致依据于王弼本。

以上四例，均依据其他文献中所引用王弼本内容，对现行王本之误加以订正。此外，在整理傅奕本、唐明皇本、旧钞河上本中的相异文字的基础上，采信其中符合王弼注文意义的文字，再对今本加以校正，则可以大致纠正王氏今本中的谬误。将订正后的王弼本与河上公本加以对比，则可以明白二者之间的关系。

四 河上公本与王弼本之间的关系

现行坊刻本的河上公本与王弼本均有诸多谬误。为究明二者关联，须以日本旧传钞本为标准，校订河上公本，再以前文所述方针订正王弼本，而后对比二本，则可见二者之间不同之处并不多。试举陆氏《释文》中所举二者不同之处对比之。

（一）解其纷。河上作"芬"。○按："芬"当作"忿"。

按：此一句也可见于第五十六章。旧钞河上本第五十六章作"忿"，此处作"纷"。王弼本第五十六章作"分"，据注文知"分"

为"忿"之误。此章则与河上公本同。此处王、河二本相同，至《景龙碑》及敦煌本改此章"纷"字为"忿"，是将假借字改回正字。

（二）虚而不掘。河上本作"屈"。

据王弼注，此处王弼本亦作"屈"。

（三）谷神不死。河上本作"浴"，浴者，养也。

按：陆注"浴"字为"俗"字之讹，俗为"谷"之异体字。第四十一章"上德若谷"之谷字，在永寿灵壶斋所藏敦煌本中作"俗"，可为一证。

（四）非以其无私邪。河上直云"以其无私"。

旧钞河上本中此句与王本相同。《景龙碑》、敦煌本与陆氏所引河上本相同。此处陆注"河上直云"当为"河上一本直云"。"一本"即河上略本。

（五）揣而锐之。河上本作"锐"。

按：王注"既揣末令尖，又锐之"，知王氏以"锐"字为"锐"字假借。河上本从正字，作"锐"。

（六）爱民治国。河上本又作"活"。

按：《释文》注"河上本又作'活'"，可见河上本多作"治"才有"又作活"一云。今比对诸本，并无一本作"活"。疑作"活"一本有误。

（七）能无以知乎。河上本又直作"智"。

按：此句出现两次，一次见于"爱国治民"一文之后，又见于"明白四达"一文之后。河上公注中，两处均注"能无以智乎"。但据王弼注文，后一句"知"字当作"为"。但道藏王注本中，两句均作"知"。陆氏不曾言及"知""为"之别，因此其所见王弼本或许与河上本相同。旧钞河上本"知"下有"乎"字，《景龙碑》前一句中仅作"无为"，后一句中仅作"无知"。陆氏原文表述为"河上本又"，由此可见，其参照的河上本似乎为略本。

（八）为而不恃。河上本作"侍"。〇《考证》："'侍'字旧未刻，今补。"

按：河上公诸本均作"恃"而不作"侍"。此处恐为《释文》校刻者之误。

（九）何谓宠辱若惊。河上本无"若惊"二字。

按：旧钞河上本此处作"何谓宠辱，宠为上，辱为下"。诸王弼本作"何谓宠辱若惊，宠为下"。然而陆氏仅注："河上本无'若惊'二字。"可见今本王本中"宠"字之后，"为下"之前，脱略"为上辱"三字。

（十）绳绳不可名。河上本作"绳"。

按：《释文》原文中仅标出一"绳"字，注曰："河上本作'绳'。"其意殊不可解。卢文弨《经典释文考证》曰："当是作'绳绳'。"但王本既已作"绳绳"，若河上本也作"绳绳"则与王本无异。旧钞河上本中"绳绳"之后有"兮"字。因此陆注文末或脱略一"兮"字。若果真如此，则此条中王、河之差仅有一"兮"字而已。

（十一）若亨太牢。河上公作"飨"，用也。

王本"亨"字，陆氏读为"烹"，而河上公读为"享"，又改"亨"作"飨"。今存河上本、王弼本均作"享"。

（十二）廓兮。河上本作"泊"。

按：《聚珍》本王本作"泊"，道藏王本作"怕"。盖据河上本校改。《景龙碑》及敦煌本作"魄"，旧钞河上本作"怕"。盖"怕""泊""魄""廓"音同。王本"廓"字为假借字，旧钞河上本取其正字作"怕"。

（十三）儽儽兮。河上本作"乘乘兮"。

王本为"儽儽兮"，旧钞河上本作"偄偄兮"，景龙碑作"乘乘兮"。按："儽"与"偄"音同，据《说文解字》所述，"儽儽"为垂貌，与"乘乘"音义均不相同。因此"乘乘"或为"垂垂"之讹。若如此，则可推测河上本原作"偄偄"，后因字义相近，被改为"垂垂"。

（十四）澹兮其若海。古本河上作"忽兮若海"，严遵作"忽兮若晦"。

"澹"与"忽"字音字义均不相同，二者关系不详。

（十五）飂兮若无止。河上作"渊兮"。○按"渊"当作"漂"。

天文钞河上本作"瀙"，《广明幢》作"瀽兮"，泷川本及世德堂本作"漂兮"。按："瀙"与"瀽"均为"漂"字异体，"漂"

与"飍"字音相近。

（十六）吾何以知众甫之状哉。河上一本直云"吾何状也"。

按：诸河上公本与陆氏所引均不相同。恐《释文》有误。

（十七）轻则失本。河上作"臣"。

马叙伦《老子覈诂》云："老子本作'根'，传写脱讹成'木'，后人改为'本'，以就义，又有作'艮'者，后人以形近改为'臣'，以就下句'君'之字。"若果真如此，此一文源于同一经本，后分为二种版本。

（十八）无徹跡。河上作"迹"。

按：王本中"徹跡"为假借字，河上本"辙迹"为正字。

（十九）或歔或吹或强或羸或载或隳。河上"歔"作"呴"，"挫"作"载"。

毕沅曰："'歔''嘘'应同。嘘，吹也。'呴'应作'欨'，欨，吹也。"由此可见，"歔"与"呴"义同。贾大隐《述义》云："王本'或接或隳'。"泷川本栏外所引。由此可知，王本作"接"而不作"挫"。《景龙碑》亦作"接"。然而"挫"与"接"字义并不相通。范应元《集解》中认为，王本作"或培或堕"。

按：王本原作"培"，"培"字后讹作"接"，又讹作"挫"。"培"与《庄子·逍遥游篇》中"培风背"之"培"同意，为"乘"之意，正与"隳"相对。河上本"载"字亦为"乘"之意。河上本据义训而改其字。

（二十）夫佳兵。河上作"饰"。

旧钞河上公本"佳"字作"餙"。此处亦为据义训改其字。

（二十一）恬澹。河上本作"恬恢"。

按："恢"即"惔"字之讹。旧钞本或作"憺"，或作"惔"。"澹"与"惔"音同。

（二十二）天下莫能臣也。河上本作"天下不敢"。

按："不敢"与"莫能"义同。

（二十三）衣养。河上本作"爱养"。

俞樾曰："衣与爱古音同"。盖"衣"为假借字，"爱"为正字。

（二十四）将欲儉。河上本作"噏"。

按：天文钞河上本及《景龙碑》均作"翕"。范应元所见王弼本亦作"翕"。《韩非子·喻老篇》所引亦同。盖王、河两本均作"翕"，后人改王本为"儉"或"歙"，改河上本为"噏"。

（二十五）吾将镇之以无名之朴，夫亦将无欲。河上本作"吾将镇之"。河上者，非老子所作也。

按：此一条陆注意义不明。今检阅诸河上本，河上本中无"夫"字，且"无名之朴"四字重复出现，"无欲"作"不欲"，因此陆注恐作"河上本作'吾将镇之以无名之朴，无名之朴亦将不欲'"。至于"河上者非老子所作也"九字，贾大隐《述义》中可见"梁简疑此章非老子所作"一句，该句注于泷川本栏外，由此推之，"河"为"梁"字之讹，"上者"二字有误，且中

间脱略"简疑"二字

（二十六）夷道若纇。河上作"類"，一本作"纇"。

按："纇"，不平也，其意与夷相对。"類"为"纇"字假借。

（二十七）祸莫大于不知足。河上此上有"罪莫大于可欲"一句。

按：《韩非子》中《解老》《喻老》二篇皆有此句，该句与王本"咎莫大于可得"一句同义，当为其异文。

（二十八）歙歙。河上作"惔"，简文云："河上公作'怵'。"

按：诸河上公本皆作"怵怵"。简文所见本亦同。毕沅曰，"歙"与"怵"义声相近。因此"歙"与"怵"可通用。

（二十九）塞其兑。河上本作"锐"。

按：旧钞河上本及《景龙碑》皆作"兑"，唯有《景福碑》在易州龙兴观。作"锐"，与陆氏所见河上公本同。可推想此条河上本与王弼同。作"锐"或为后人之误。

（三十）蜂虿虺蛇不螫。河上云"毒虫不螫"。

按：据王弼注文，王本原作"毒虫不螫"，与河上本无异[1]。现存王本及陆氏所见本，作"蜂虿虺蛇"，为据河上公注文误改所致[2]，非王本之旧貌。

（三十一）全作。河上作"峻"，一作"朘"。

---

1 此处王弼注文为"故毒虫之物无犯之人也"。——译注
2 此处河上公注文为"蜂虿虺蛇不螫"。——译注

俞樾云："'全'乃'仝'字之讹，'仝'字缺坏，与全相似，因误为'全'矣。"若如此，则"仝"与"峻"义同。王弼时已因坏字作"全"，此说颇为牵强。河上本当据别本作"峻"。

（三十二）不刿。河上作"害"，伤也。

按：王弼注曰"刿，伤也"，其义与河上公注无异。《淮南子·道应训》所引《老子》此处与王本相同，因此河上公本乃据义训改其字而成。

（三十三）其脆。河上本作"膬"。

按：今存河上公本亦作"脆"，与王本无异。

（三十四）稽式。河上作"楷式"。

按："稽"与"楷"古音同，因此可相通。

（三十五）繟然。河上本作"墠"。

按：现存诸河上公本皆作"繟然"，与王本无异。

（三十六）天下莫柔弱于水。河上本作"天下柔弱莫过于水"。

按：傅奕本与范应元本均与王本同，此处为河上本据其义而改易原文。

纵观以上列记之处，陆氏所举王本与河上本之异，一见甚大。但详考之下，王本多沿袭旧来经本，多用假借字，而河上本多将其改为正字，此外王本中难解之字，河上本多据训诂，以他字代替之，二者之不同多属此类。因此，河上公本虽然多少参考于他本，但主要以王本为底本，此事无可置疑。

五 西汉时代的《老子》与今本之异

王弼注与河上公注是魏晋时期最具代表性的《老子》著作，后世注解无不本于此二本。因此，若河上公本出自王本，则可以认为魏晋以后的《老子》经本虽稍有异同出入，但均出于同一经本。然而，若溯至西汉，将西汉人所引《老子》之文与王、河二本比较，则可见西汉时《老子》经本与魏晋以后经本相差甚大。试列举《淮南子·道应训》所引《老子》文本与今本之异如下：

（一）天下皆知善之为善，斯不善也。故知者不言，言者不知也。《道应训》引。

上文初二句见于今本《老子》第二章，后二句见于第五十六章。

（二）大制无割，故致数舆无舆也。《道应训》引。

上文前一句见于今本《老子》第二十八章，后一句出自第三十九章。

（三）窈兮冥兮，其中有精，其精甚真，其中有信。故美言可以市尊，美行可以加人也。《道应训》引。

上文前四句见于今本《老子》第二十章，后二句见于第六十二章。

（四）知和曰常，知常曰明，益生曰祥，心使气曰强。是故用其光，复归其明也。《道应训》引。

上文前四句可见于今本《老子》第五十六章，其后接"物壮则老，谓之不道，不道早已"三句。后二句见于第五十二章，承接"见小曰明，守柔曰强"一文。

由以上四条可见，《淮南子·道应训》作者所见《老子》与今本《老子》，不仅字句有所不同，篇章的分合次序也不相同。

又有《韩诗外传》卷九引《老子》如下：

老子曰：（一）名与身孰亲？身与货孰多？得与亡孰病？是故甚爱必大费，多藏必厚亡。知足不辱，知止不殆，可以长久。（二）大成如缺，其用不敝。大盈若冲，其用不穷。大直若诎，大辩若讷，大巧若拙，其用不屈。（三）罪莫大于多欲，祸莫大于不知足。故知足之足，常足矣。

上文可大致分为三段，第一段八句可见于今本《老子》第四十四章，文辞与王本、河上本无异。第二段"大成如缺"以下八句，见于今本《老子》第四十五章。今本中"大辩若讷，大巧若拙"两句次序颠倒，其后无"其用不屈"四字，有"躁胜寒，静胜热，清净为天下正"河上本"为"上有"以"字。三句。第三段存于第四十六章。今本此前有"天下有道，却走马以粪；天下无道，戎马生于郊外"四句。按：今本第四十五章末三句与前文诸句并不连贯。姚鼐将其移至第五十七章"以正治国"之前，此论有理。此外，第四十六章初四句也与下文不接，姚鼐将其移至第五十七章"天下多忌讳"之前，也不无道理。然而《韩诗外传》所引之处，无此诸句，连第四十四、四十五、四十六三章为一段。文意相承，文辞通顺，故以此可订正今本章次错乱之处。

又有《史记·货殖传》引《老子》曰：

> 至治之极，邻国相望，鸡狗之声相闻，民各甘其食，美其服，安其俗，乐其业，至老死不相往来。

此处与今本《老子》第八十章文义相同，今本"邻国相望"等十字在"甘其食"等四句之后。"安其俗乐其业"二句作"安其居乐其俗"，章首无"至治之极"四字。此可证《史记》作者所见《老子》与今本不同。

据以上诸例，可见西汉时《老子》经本与今本不仅字句有所出入，章次也有所不同。可以想象西汉至魏晋之间，《老子》经本曾经历大幅改定。可以推想，该改定当在刘向校书之际。凡刘氏校定，均不止于纠正文字谬误，多收集古来异本，删其重复之处，并重新编纂。不独《老子》一本，古代典籍中刘氏所校定新书与校定前旧书，相差往往甚大。今试举一二例。司马迁所见《孟子》共有七篇，而刘氏校后《孟子》有十一篇。《史记》所记《孙子》之书有十三篇，而《汉志》所录有八十二篇。又《史记》记环渊著书上下篇，申子著书二篇，慎到作十二篇。《孟子荀卿列传》。而《汉志》记载，《蜎子》十三篇、"蜎""环"音同，《蜎子》即环渊书。《申子》十六篇、《慎子》四十二篇。此外，韩非、管子、庄子、邹子所著书，《史记》所记不过其著名篇名，而《志》将其编为一书。可见刘氏校书并非简单校正，而是在整理旧文的基础上重新编纂。刘向校书的态度，从《晏子春秋序录》及《群书拾补》所载刘向新定本总目中也可推测一二。若果真如此，则可推论西汉人所见《老子》与今本之异，来源于刘氏未校旧本与校后新本的差别。

第四章

老子《五千言》的性质

一 《五千言》非老子自著

如上所述，西汉人所见老子《五千言》与今本不同。西汉旧本今已不传，如今考察《五千言》性质时，不应当拘泥于今本《老子》的章次分段，而应当着重于精察其内容。

据《史记·老子传》所载，《五千言》为老子辞周至关之时，应关尹喜之请所著。但考察其内容，则可知此传说不实。

首先，老子《五千言》中，多处文辞意义相同却反复出现。如：

（一）万物恃之而生而不辞，功成不名有。第三十四章

万物作焉而不为始，生而不有，为而不恃，功成而不居。第二章

生之畜之，生而不有，为而不恃，长而不宰，是谓玄德。第十章

道生之，德畜之。（中略）生而不有，为而不恃，长而不宰，是谓玄德。第五十一章

（二）挫其锐，解其纷，和其光，同其尘。第四章、第五十六章又有此语，"纷"作"忿"，"同其尘"句下有"是谓玄同"四字。

（三）塞其兑，闭其门，终身不勤，开其兑，济其事，终身不救。第五十二章

塞其兑，闭其门。第五十六章

（四）见小曰明，守柔曰强，用其光，复归其明。第五十二章

知和曰常，知常曰明，益生曰祥，心使其曰强。第五十五章。○按《淮南·道应训》引《老子》此语，此下有"是故用其光复归其明也"十字。

（五）不自见故明，不自是故彰，不自伐故有功，不自矜故长。第二十二章

自见者不明，自是者不彰，自伐者无功，自矜者不长。第二十四章

（六）物壮则老，谓之不道，不道早已。第三十章、第五十五章

寥寥五千言中，辞意重复之处竟如此之多。此岂为一人一时之作哉？此为疑点之一。此外，《五千言》中文体也不统一。如下文之类：

> 众人熙熙，若享太牢，若春登台。我独廓兮其未兆，若婴儿之未咳。儽儽兮若无所归。众人皆有余，而我独若遗。我愚人之心也哉！纯纯兮！_{第二十章}

句句押韵，文体如赋如骚。第十五章、第二十一章亦类此。此外如下文这种：

> 视之不见，名曰夷；听之不闻，名曰希；搏之不得，名曰微。_{第十四章，"希""夷""微"韵。}

文体似颂、赞。与《庄子·天运篇》所载有焱氏之颂大致相同，称之为颂，似乎得当。

> 多言数穷，不若守中。_{第五章，"穷""中"韵。}
> 天道无亲，常与善人。_{第七十九章，"亲""人"韵。}

如上文这类，文体类于箴、铭。《说苑·敬慎篇》所引金人铭，文辞与此处类似，此处内容似乎即来源于该铭。以上诸例皆为有韵之文，但《五千言》中散文亦有不少：

譬道之在天下，犹川谷之与江海。以上第三十二章。

江海所以能为百谷王者，以其善下之，故能为百谷王。是以欲上民，必以言下之；欲先民，必以身后之。是以圣人处上而民不重，处前而民不害，是以下乐推而不厌。以其不争，故天下莫能与之争。以上第六十六章。〇按："以其不争，故天下莫能与之争"二句似注文。

天下皆谓我道大，似不肖。夫唯大，故似不肖。若肖，久矣其细也。以上三句在第六十七章章首。魏源曰：按其文义与下章不相属，而与此章相为首尾，故合并之。今据魏说并引。〇又按："其细也"下王本有"夫"字，河上本"夫"字属下句读，检道藏本及王弼注所引经文，句末无"夫"字，今据此删去。

上文初二句可见于今本《老子》第三十二章，但其辞意与该章均不连贯，疑有错简。陶方琦认为此二句当置于第六十六章章首，此论可从。马叙伦《老子覈诂》引。但此句中"江海"与"川谷"相对，而第六十六章中"江海"与"百谷"相对，二者有所不同。成玄英疏所引第六十六章之语中，"百谷"作"百川"。"百川""百谷"或为"川谷"之误。若如此，则此二句与第六十六章词意相应。可见陶氏之说确然无误。此外，第六十七章章首三句与前章相承，因此魏源之说似可从。今览此文，词意畅明，而不用韵。而前文所举诸条，用韵齐整，文辞简约。二者并不相类，绝非一人一时所作。《五千言》中此类之文甚多。要言之，《五千言》中多处文体不一，当非一人一时之作。此为疑点之二。

此外，《五千言》中用韵，时有字同而音不同之处。

> 万物作焉而不为始，生而不有，为而不恃。功成而不居。夫唯不居，是以不去。第二章。〇按：现行王本"不为始"作"不辞"，然范应元所见王弼本作"不为始"。与第十七章注所引经文合，今据改正。"不居"，现行王本作"弗居"。据注王本当作"不居"，今亦改正。

以上六句，学者或以前三句为一韵，后三句又别为一韵。古书押韵之法，常在文意转化之处换韵，而《五千言》中两文接续之处，常用"夫唯……是以"之词。后文引申前文，并别述新义。因此此六句亦当以前四句为一韵，至后二句转韵。据《诗经》三百篇之例，"居"字与"始""有""恃"并不成韵。然而《老子》第七十八章：

> 圣人为而不恃，功成而不居。王本"居"字作"处"，然《吕览·审

分》注引"处"作"居"。可知东汉时犹作"居"而不作"处"。今本作"处"，盖依河上公本所改，今据此改正。

此处又以"恃""居"为一韵，可见此章中"居"字也可与"始""有""恃"押韵。按："居"字有二音，古音读为"常"音，又可读为"姬"音。《庄子·达生篇》有"居吾语汝"一文，该文在《列子·黄帝篇》中作"姬鱼语女"，此为一证。又《水经·河水注》有"晋烈公五年，田公子居思，伐邯郸，围平邑"一文，其中"田居思"三字，《战国策》作"田期思"，《史记·田敬仲世家》作"田臣思"。"臣思"当为"臣思"之误。若果真如此，亦可证"居"与"臣"字同音。可以推测，晋、郑之地，"居"字读音与"臣"字相同。因此第二章第四句"功成而不居"，也与"臣"同音。与上文"始""有""恃"为一韵，而第五句"夫唯不居"中的"居"字与后文"去"字成韵。因此，此处"居"字必从古音无疑。盖同一"居"字读有二音，而作前四句之人与引申后二句之人，所处时代、地域均不相同，因此定为不同之二人。此岂非《五千言》非一人一时所作之明证乎？此为疑点之三。

此外，《五千言》中助词多被后人改订损益。无论据何经本，均可见"乎与""夫其""如若""乃则焉""我吾"等同义词语，用法无一定之规，往往任意用之。此亦可旁证其书非出自一时一人之手。此为疑点之四。

又览《五千言》所述，可见其文义并非纯乎道家者言，多处近于法家、兵家、神仙家言。前后矛盾之处亦有不少。此于后文详论。也可证《五千言》非一人一时所作。此为疑点之五。

据此论之，老子《五千言》当为荟萃种种材料而成，不可认其为一人一时之作。因此《史记》以其为老聃为关尹子所著，此乃《史记》之妄。

二 《五千言》中的法家之言

如上所述，《史记》所载《五千言》成立过程并不可信。但司马迁并非喜好虚诞传说之人，《史记》所载，应当也有所依据。据《史记·自叙传》所载，司马迁之父司马谈，习道论于黄子。因此《五千言》成立之事应当也传自黄子。黄子者究竟为何人，今已不详。《汉书》颜师古注认为，黄子即为《儒林传》中黄生。据《史记·儒林传》，黄生为景帝时人，曾与辕固生论汤武受命之事。《史记》载黄生之说曰：

> 黄生曰："汤武非受命，乃弑也。"又曰："冠虽敝，必加于首；履虽新，必关于足。何者？上下之分也。夫

主有失行，臣下不能正言匡过以尊天子，反因过而诛之，
代立南面，非弑而何也？"

其言与《韩非·外储说》所载费仲之言相类。曰：

> 费仲说纣曰："西伯昌贤，百姓悦之，诸侯附焉，不
> 可不诛；不诛，必为殷患。"纣曰："子言，义主，何可诛？"
> 费仲曰："冠虽穿弊，必戴于头，履虽五采，必践之于地。
> 今西伯昌人臣也，修义而人向之，卒为天下患，其必昌乎！
> 人人不以其贤为其主，非可不诛也。且主而诛臣，焉有
> 过？"顾广圻曰："'人人'当作'人臣'。"

今比较二文，黄生之论似祖述韩非。韩非所治为刑名法术
之学，其思想根柢似本诸黄老之学，因此亦可称之为"道论"。
据此推论，太史谈学道论于黄子，此黄子即为《儒林传》之黄生，
颜氏此论可信。

韩非之书有《解老》《喻老》二篇。其中《解老》一篇为
解释老子之言，其中所释老子之言，存于今本《老子》第一、
十四、三十八、四十六、五十、五十三、五十四、五十八、
五十九、六十、六十七，共计十一章中。其不见于今本之语，
仅一条而已。因此，此篇所引述为古来老子所传之残篇，但

此篇作者所见《老子》经文内容与今本《老子》五千言应当并无太大差异。而《喻老》引古来传闻轶事以说明老子所语。其引用经文可见于今本《老子》第二十六、二十七、三十三、三十六、四十一、四十六、四十七、五十二、五十四、六十三、六十四、七十一，共计十二章中。《淮南子·道应训》文体与此篇相似，且《淮南子》所说明经文，均不见于此篇之中。可见，《喻老》与《道应训》二篇或本为一书，后分为二，前者编入韩非之书，后者传于淮南王门下之士。此事暂且不论，但可见《喻老》一篇也为古来老子说之残篇，所据《老子》经文内容与今本《老子》似无大异之处。要言之，《解老》《喻老》二篇在现存《老子》文献中，年代最为久远。据此二篇可见，今本《老子》中有不少篇章错乱、文字谬误之处，但内容与二篇成书之前所传老子之言并无大异。此二篇作者不详，但既编入韩非之书，可见或出自韩非后学之手。太史谈学道论之师黄生，既祖述韩非，并且此二篇亦出自韩非后学，由此可想见黄子与此二篇之间关系极深。盖《史记》所载与《五千言》成立过程相关的传说，当本诸黄子之说。且黄子所传《五千言》，即为《解老》《喻老》所据经文。若果真如此，则今本《老子》当本诸韩非后学所传经文，并更改章次，校改文字而成。当然，此论为臆测之言，并无确证。但我自忖，此论可以解释今本《老子》中何以多见法家者言。

　　盖法家之学本诸老子，最初由道家转向法家者为慎到。慎到为赵人，与田骈、接子等人同处齐宣王时稷下学宫，其事迹可见于《史记·孟子荀卿列传》。据《史记》所载，慎到著有十二论，《汉志》录有《慎子》四十二篇。但如今其书残缺甚多，无从知其学术大要。但《庄子·天下篇》以及《荀子·非十二子》中有合评田骈、慎到之文，其言虽然简要，但足以概慎到学术之要。《庄子·天下篇》曰：

　　　　公而不党，易而无私，决然无主，趣物不两，不顾于虑，不谋于知，于物无择，与之俱往。古之道术有在于是者，彭蒙、田骈、慎到闻其风而悦之。齐万物以为首，曰："天能覆之而不能载之，地能载之而不能覆之，大道能包之而不能辩之。"知万物皆有所可，有所不可。故曰："选则不偏，教则不至，按："教""学"相通，《老子》"教父"，傅奕本、永寿灵壶斋本及释慧通《驳夷夏论》引作"学父"。道则无遗者矣。"是故慎到弃知去己，而缘不得已。泠汰于物，以为道理。曰："知不知，将薄知而后邻伤之者也。"按："后"当作"复"，"邻"读为"磷"。謑髁无任，而笑天下之尚贤；纵脱无行，而非天下之大圣。椎拍輐断，与物宛转；舍是与非，苟可以免。不师知虑，不知前后，魏然而已矣。

据此可知，慎到之学，不尊知虑，不辨是非，不认前后，唯任道理而已。与墨家反对尚贤，批判儒家尊崇圣人之说类似。《荀子·非十二子》中合论慎到、田骈如下：

> 尚法而无法，下修而好作，"下"字当作"不"。上则取听于上，下则取从于俗，终日言成文典，及紃察之，"及"字当作"反"。则倜然无所归宿，不可以经国定分。

又《荀子·解蔽篇》论慎子曰：

> 慎子蔽于法而不知贤……由法谓之道，尽数矣。

此段杨倞注曰：

> 慎子本黄老，归刑名，多明不尚贤、不使能之道。故其说曰："多贤不可以多君，无贤不可以无君。"其意但明得其法，虽无贤亦可为治，而不知法待贤而后举也。《解蔽篇》注。○按："举"当作"兴"。

综合而论，慎到似乎认为法本诸道理而制，从之则可以治世，不为一二圣贤的意志所转移。要言之，慎到学说的中心思想为尚法、绝圣弃知、不尚贤、不使能。而今本《老子》中，类此之论也有不少。试将叙述此类理论的章节列举如下：第三章、第十八章、第十九章、第二十章章首一句、第四十八章、第六十四章末六句、第六十五章。以上诸章所记，均与慎到之论类似，又与老子学说根本思想矛盾。尤其是第十八章"六亲不和，有孝慈；国家昏乱，有忠臣"一段，与《意林》卷二所载慎子所语"孝子不生慈父之家，忠臣不生圣君之下。六亲不和，有孝慈；国家昏乱，有忠臣"相似。此可以明证老子《五千言》中混有慎到之语，《五千言》中近于慎到之言者，均为混入法家之言。

三 《五千言》中的纵横家之言

《韩非子·说林篇》引《周书》二条，其一曰：

> 《周书》曰："将欲败之，必姑辅之；将欲取之，必姑予之。"

此条与《战国策·魏策》中任章所引《周书》之文相同，《老子》第三十六章亦有此文。其二曰：

　　此《周书》所谓"下言而上用者，［惑］也"。按："者"下"惑"字恐衍文。

《淮南子·氾论训》亦引此文，但其文辞稍有不同。

　　《周书》有言曰："上言者下用也，下言者上用也。上言者常也，下言者权也。"此存亡之术也。《淮南子·氾论训》

　　而《文子·道德篇》将《淮南子》所引《周书》之文视作老子之言。又有《史记·蔡泽传》引《书》曰："成功之下，不可久处。"其意与《老子》中"功成而不居"一句相同。《蔡泽传》中所谓《书》者，即《周书》。《汉书·萧何传》亦引《周书》一条，曰："天予不取，反受其咎。"其语与《史记·越世家》中越王勾践将要同意吴王之请时的范蠡劝谏之言相同。《汉书》颜师古注将《周书》解释为《逸周书》，但其文辞与今存《逸周书》不类。王应麟将其视作苏秦所读《周书阴符》之语。《困学纪闻》二。按：《史记·苏秦传》曰：

　　出游数岁，大困而归。兄弟嫂妹妻妾窃皆笑之，苏秦乃闭室不出，出其书遍观之，得《周书阴符》，伏而读之，期年以出揣摩。

王氏之说盖本诸此。所谓"《周书阴符》"者,《秦策》将其视作《太公阴符》之谋。《史记·齐世家》曰:

> 周西伯昌之脱羑里归,与吕尚阴谋修德以倾商政,其事多兵权与奇计,故后世之言兵及周之阴权皆宗太公为本谋。

此即其书也,被称为"《太公阴符》之谋"或"《周书阴符》"。《战国策》所载苏秦之言,也曾引用《周书》。《魏策》苏子说魏王语中引《周书》"绵绵不绝,缦缦奈何?毫毛不拔,将成斧柯。前虑不定,后有大患"六句。此处与上文所举诸条相似,王氏之说似可从。此外,《史记·苏秦传》中记载苏秦读《周书阴符》,期年以出《揣摩》之事,在《秦策》中,记载为:

> 乃夜发书,陈箧书事,得《太公阴符》之谋,伏而诵之,简练以为《揣摩》……期年《揣摩》成。

高诱注曰:"简,汰也。练,濯也。濯治《阴符》中奇异之谋以为《揣摩》。"因此"揣摩"为苏秦删略《周书阴符》而成一书之名。《汉书·艺文志》中著录苏秦之书为"《苏子》三十一篇",今已不传。两《唐志》中以《鬼谷子》二卷为苏秦之书。按：鬼谷子之书不录于《汉志》，直至《隋志》始有记载，因此学者或疑其为伪书。然而《说苑·善说篇》已引用其书，因此该书未必为后人所伪撰。汪中《经义知新录》。但可疑之处在于，《汉志》所录《苏子》三十一篇，当为苏秦节略《周书阴符》而成，而《秦策》与《史记》皆将其记为苏秦出《揣摩》，而今《鬼谷子》有《揣篇》与《摩篇》。此为《鬼谷子》出自苏秦书之证一。此外，《汉书·杜周传赞》服虔注云苏秦之书有抵陒法。而今《鬼谷子》中有《抵戏篇》。"戏""陒"音同。此为《鬼谷子》出自苏秦书之证二。由此观之，《鬼谷子》出自《苏子》三十一篇，此事几无可疑之处。然而，今存《鬼谷子》与李唐旧本相比，似乎有所脱佚。《太史公自序》中，有"故圣不朽，时变是守。虚者道之常也，因者君之纲也"语，司马贞注文称"此出《鬼谷子》，迁引之以成其章，故称'故曰'也"，今本无此四句。此外，《太平御览》所引《鬼谷子》之文不见于今本，此为今本有所脱佚之证。今本《鬼谷子》仅存《捭阖》至《符言》十二篇及《本经阴符篇》。《符言》篇末称"《转丸》《胠箧》二篇皆亡"，可知《鬼谷子》原有《转丸》《胠箧》二篇。《转丸》内容如何，今已不可考，但《胠箧》应当与《庄子·外篇》中《胠箧篇》相同。《史记·田敬仲完世家》索隐曰：

庄周及鬼谷子亦云："田成子杀齐君，十二代而有齐国。"

此事今仅载于《庄子·胠箧篇》，而不载于《鬼谷子》。《鬼谷子》中原有《胠箧篇》，且《庄子·胠箧篇》之文亦载于《鬼谷子》，由此推测，《鬼谷子》中《胠箧篇》当与《庄子》之文大同小异。若果真如此，则可见其为《鬼谷子》佚篇之一，可据《庄子》补之。

按：《庄子·胠箧篇》中记载"田成子一旦杀齐君而盗其国……十二世而有齐国"。但据《史记》记载，齐国亡于王建之世，田成子至王建仅有十世。此处陆氏《释文》及姚氏《庄子章义》认为，合计田成子之前世代，共有十二代。俞氏《庄子平议》认为，"十二世"为"世世"之误。然而，此皆为过信《史记》之误。据古本《竹书纪年》《史记索隐》引此。记载，田成子至王建恰好十二代。《胠箧篇》成书当处于王建之世。王建之世，苏秦已死。《齐策》记载：

秦攻赵长平，齐、楚救之……赵无以食，请粟于齐，而齐不听。苏秦谓齐王曰："……赵之于燕、齐，隐蔽也，齿之有唇也，唇亡则齿寒，今日亡赵，则明日及齐、楚矣。"

依剡川本。鲍本"苏秦"作"苏子"。按：长平之役在齐王建五年，此时苏秦已死，则鲍本作"苏子"为是，"齐、楚"当作"齐、燕"。

由此可见，当时苏秦后人尚在，《胠箧篇》当为苏秦后人所作。《苏子》三十一篇中有苏秦后人所论说文章，此论已为沈钦韩所主张。若《鬼谷子》为约略《苏子》而成，那么文中参杂有苏秦后人之言也为理所当然。《齐策》所载苏子之言，与《胠箧篇》"唇竭则齿寒"相似。此处似乎也暗示了《苏子》与《胠箧篇》的关系。

要言之，《韩非》《淮南》等所引《周书》，即为苏秦所读《周书阴符》，而《苏子》三十一篇中，似乎删略了《周书阴符》部分内容，而《鬼谷子》也为节略《苏子》三十一篇而成。《庄子·外篇》中《胠箧篇》当为《鬼谷子》佚篇。《鬼谷子》每篇文辞均简要，长度似乎不及《胠箧篇》。此处当为《庄子》收录《苏子》全文，而《鬼谷子》有所节略所致。而今本《老子》之语，与《周书》既有相同之处，也有相似之处。前文已举例。又有与《鬼谷子》一致之处：

不出户而知天下，不窥牖而见天道，不见而命，不行而至。《鬼谷子·本经阴符》之语，与《老子》第四十七章略同。

又《胠箧篇》中有"故曰云云"之词，共称引三事，与《老子》相同处有二：

> 故曰：鱼不可脱于渊，国之利器不可以示人。《老子》第三十六章又有此语。
>
> 故曰：大巧若拙。《老子》第四十五章又有此句。

此或为《周书阴符》之文。而《胠箧篇》作者之语，也与《老子》有相似之处：

> 绝圣弃知，大盗乃止；掷玉毁珠，小盗不起。
>
> 昔者……民结绳而用之，甘其食，美其服，乐其俗，安其居，邻国相望，鸡狗之音相闻，民至老死而不相往来。与《老子》第八十章相似。

由此观之，老子《五千言》中，掺杂有纵横家言。纵横家之言，有祖述道家言之处，因此窜入《五千言》后便难以区别，但其中与老子根本思想矛盾处亦有不少。如第三十六章、第四十七章，盖战国术士之言，与老子自然自化之意相反，恐非老子之言。

四　《五千言》中的兵家之言

《汉书·艺文志》记载，太公有《谋》八十一篇、《言》七十一篇、《兵》八十五篇，共计二百三十七篇。《史记·齐世家》曰："后世之言兵及周之阴谋皆宗太公为本谋。"可见太公之"谋"与"兵"关系之深。所谓太公《谋》当为增益敷演《周书阴符》而成，而从《周书阴符》之文窜入《五千言》一事推测，不难想象《兵》八十五篇之文亦有窜入《五千言》之处。然而太公之书今已不传，《隋志》著录有《太公阴谋》一卷、梁《录》记载有六卷。《太公阴符钤录》一卷、《太公伏符阴谋》一卷、《太公金匮》二卷、《太公兵法》二卷，又《兵法》六卷，梁有《太公杂兵法》六卷。又有《三宫兵法》一卷。马总《意林》记载有《太公金匮》二卷及《太公六韬》六卷。魏徵《群书治要》亦采《阴谋》《六韬》各一部。说者或主张《隋志》所载《阴谋》即为《汉志》所记之《谋》，《金匮》即《言》，《六韬》即《兵》。黄以周《儆季杂著·子叙》。《金匮》《阴谋》二书今已无完本。《六韬》也在北宋元丰年间为后人删订，不可轻信。据严氏所辑《全上古文》记载，三书之文简古似《周书》佚文。《汉志》原注曰："吕望为周师尚父，本有道者，或有近世又以为太公术者所增加也。"由此可知，《汉志》所录太公二百三十七篇中，已有为后人所添之文。《隋志》所录太公诸书，古来所传部分或已佚失，所传者或为后人所加。要言之，太公书中可信之为古来所传者，唯有《国策》等所引纵横家所诵《周书》之文，其他遗文均不可轻信。太公《兵》八十五篇与老子《五千言》之间关联，今已不可明证。但《周书阴符》之语存于《五千言》中，以此类推则可以想象，太公《兵》之语，亦有窜入《五千言》之中。试列举《五千言》中，可认其为兵家言者如下：第三十章、第三十一章、第四十三章、第六十七章、第六十八章、第六十九章。

以上诸章之内，第三十章与三十一章，诸家均分为二章，而吴澄、姚鼐、魏源将其合为一章。我熟读之后，认为作一章为当。此章之意，盖言用兵当谨慎，而兵家之书亦多述此意，故此或为古兵家之言。据晁说之、《王注老子跋》。彭耜、道藏长字号《道德真经集注杂说·上》云：王弼注《道德经》，以"夫佳兵""民之饥"二章，疑非老子所作。董思靖、道藏短字号《道德真经集解》第三十一章题下云：王弼云此章疑非老子所作。诸人之言，王弼已疑第三十一章非老子所作。敦煌本《玄言新记》中所引王注亦与董思靖同。可见王弼当确实有疑于此，亦为此章非老子原文之旁证。

第四十三章有所脱误，文义不通。马叙伦《老子覈诂》以第七十八章前三句补之，作：

天下之至柔，驰骋天下之至坚。天下莫柔弱于水，而攻坚强者莫之能先，出于无有，入于无间，以其无以易也。

"坚""先""间"合韵，故马氏所改之处似可从。而"攻坚强者莫之能先"或为兵家之言。

第六十七章至六十九章，河上公本将其分为三章。王弼注第六十七章"几丧吾宝"，曰："宝，三宝也。"因此，第六十七章"我有三宝"以下直至第六十九章章末，王弼或将其连为一章。吴澄、姚鼐、魏源也将其合为一章。而全章之意，切于说兵，并非论道之文。疑此或为古兵家言窜入《五千言》之文，恐采窃于太公《兵》之语。

五　《五千言》与《黄帝书》

《汉书·艺文志》著录有《黄帝四经》四篇、《黄帝铭》六篇、《黄帝君臣》十篇，其后注"起六国时，与《老子》相似"，其书今已不传。然而，将周、秦古书所载黄帝之语与今本《老子》对比，其相似之处可见一斑。《列子·天瑞篇》中，将今本《老子》第六章之文视作《黄帝书》之文。此为《黄帝书》与《老子》

有相同处之一证。《说苑·敬慎篇》记载有孔子赴周，于太庙右阶前见金人铭文一事。《群书治要》卷三十一所载《太公阴谋》以及《意林》卷一所录《太公金匮》均将其铭文作"黄帝金人铭"，其文与《周书》《老子》均同。试录其铭文，与《周书》《老子》对比如下：

戒之哉！戒之哉！无多言，多言 《老子》第五章："多言数穷，不如守中。"

多败；无多事，多事多患。安乐 《大戴礼·武王践阼》太公铭云："安乐必敬，无行可悔。"

必戒，无行所悔。勿谓何伤，其

祸将长；勿谓何害，其祸将大； 又曰："毋曰胡残，其祸将然；毋曰胡害，其祸将大；毋曰胡伤，其祸将长。"

勿谓何残，其祸将然。勿谓莫

闻，天妖伺人。荧荧不灭，炎炎

奈何？涓涓不壅，将成江河，绵 《魏策》引《周书》曰："绵绵不绝，缦缦奈何？毫毛不拔，将成斧柯，前虑不定，后有大患。"

绵不绝，将成网罗。青青不伐，

将寻斧柯。诚不能慎之，祸之

根也。口是何伤，祸之门也。强梁 《老子》第四十二章："强梁者不得其死。"

者不得其死，好胜者必遇其

敌。盗怨主人，民害其贵。君子

知天下之不可盖也，故后之　《老子》第七章："圣人后其身

而身先。"

下之，使人慕之。执雌执下，《老子》第二十六章："知其

雄守其雌。"

莫能与之争者。人皆趋彼，我独

守此。众人惑惑，我独不从。内

藏我知，不与人论技。我虽尊

高，人莫害我。夫江河长百谷　《老子》第六十六章："江

海之所以为百谷王者，以其善下之也。"

者，以其卑下也。天道无亲，常　《老子》第七十九章："天

道无亲，常与善人。"〇《后汉书·袁绍传》注引《金匮》亦有此语。

与善人。戒之哉！戒之哉！

以上录《说苑》语。《家语·观周篇》《韩诗外传》亦载
此文，其文辞稍异而其意同。此文当为《汉志》所载《黄
帝铭》六篇之一。其文与《周书》《老子》多处相似，由此可
想见三书关系之密切。

此外《庄子·知北游》所载黄帝之言，与《老子》亦有相
似之处。

黄帝曰："夫知者不言，言《老子》第五十六章："知者不言，言者不知。"

者不知，故圣人行不言之教。《老子》第二章："是以圣人处无为之事，行不言之教。"

道不可致，德不可至，仁可为

也，义可亏也，礼相伪也。故曰：

'失道而后德，失德而后仁，失《老子》第三十八章："故失道而后德，失德而后仁，失仁而后义，失义而后礼。夫礼者，忠信之薄而乱之首。前识者，道之华而愚之始。"

仁而后义，失义而后礼。礼者，

道之华而乱之首也。'故曰：'为

道者日损，损之又损之，以至《老子》第四十八章："为道日损。损之又损之，以至于无为，无为而无不为。"

于无为，无为而无不为也。'今

已为物也，欲复归根，不亦难 《老子》第十六章："夫物芸芸，各复归其根。"

乎！其易也，其惟大人乎！生也

死之徒，死也生之始，孰知其

纪！人之生，气之聚也。聚则为

生，散则为死。若死生为徒，吾《老子》第三十九章："昔之得一者，天得一以清。"云云。

又何患！故万物一也。……故曰
'通天下一气耳'。故圣人贵一。"《老子》第二十二章："圣
人抱一，为天下式。"

以上为《庄子·知北游》首章之文，其作者不详。按：《汉
书·艺文志》著录《杂黄帝》五十八篇，班注称其为"六国
时贤者所作"。此篇假托黄帝之言，或为五十八篇之一篇。篇
中冠以"故曰"二字，称引往言者共三条，其中二条与今本《老
子》相符，其中一条不见于《老子》，故所引未必为老子之语。
想来此处所引亦为《黄帝四经》之语，加以敷演文饰而成。

汉初治道家之学者，皆以黄老并称。《隋书·经籍志》
亦称：

汉时诸子，道书之流有三十七家。大旨皆去健羡，
处冲虚而已。……其《黄帝》四篇、《老子》二篇，最得
深旨。

两书之间不加分别之辞。今《列子》《吕览》《贾子》《淮南子》
所称引黄帝之语，当为《黄帝四经》佚文，将其与《老子》对比，
其文与《老子》有相同之处，亦有相异之处，其思想大致相
似。此外《说苑》所载黄帝金人之铭及《庄子·知北游》所述，

多假托黄帝之语，与老子《五千言》相似。由此可见黄帝之书与老子关系极深。

六 《五千言》成立年代

以上五节中，我推论老子《五千言》并非老聃自著，且文中参杂法家言、兵家言及纵横家言，其文又与《黄帝四经》相似。此节中推测《五千言》成立年代，以终此章。

前文已述老子《五千言》与《周书》《黄帝书》关系极深。但此三书成立年代先后，今已难言。但考察其他古籍中所称引该三书内容，再以其他古籍的成立年代推测，似乎当以《周书》为最古，《黄帝书》次之，《老子》最晚。

《周书》原貌，今已难明，但书中之言，为周任所诵，又为战国纵横家尊崇，可见成书至晚也在战国以前。其内容多记《太公阴符》之谋，而不似道家言。与之相反，《汉志》所载《太公》二百三十七篇，既著录于道家之中，且班固原注称其文中部分内容，乃后世治太公之术者添加。此必为战国游说家，据道家言敷演修饰《太公书》而成，而并非《周书》原貌。《汉志》所载《太公书》，当成书于道家之学极为兴盛之后。而作为其基础的《周书》原本，当成书于道家勃兴之前。

前文所述,《汉志》所载《黄帝书》与老子《五千言》内容相似。其内容既与老子《五千言》相似,可见此必为道家之徒假托黄帝所作,因此当成书于道家兴起之后。《汉书》原注称其"起六国时",此为确然不易之言。然而《列子·天瑞篇》既已称引,可见其书中部分内容成立年代古远,或许距老聃之时未远。与之相反,《庄子·内篇》中,并无称引老子《五千言》之处。《庄子·内篇》所载老聃之言唯一条而已。

老聃曰:"明王之治:功盖天下而似不自己,化贷万物而民弗恃。有莫举名,使物自喜。立乎不测,而游于无有者也。"《庄子·应帝王》"治""己""恃""喜"有韵。

其言句句用韵,文辞似古,不载于今本《老子》之中。又有《庄子·杂篇·庚桑楚》载老聃之言曰:

老子曰:"卫生之经,高山寺本此下有'乎'字。能抱一乎!能勿失乎!能无卜筮而知凶吉乎,'凶吉',今本作'吉凶',王念孙曰:'当作"凶吉"。'今据此改正,一失'吉'韵。能止乎!能已乎!能舍诸人而求诸己乎!(能翛然乎!能侗然乎!)能儿子乎!'子'字与'止''已''己'三字成韵,而中间'能翛然乎!能侗然乎!'二句不偕韵,疑二句涉下'翛然而往,洞然而来'之句而误衍

者，删去为是。儿子终日嗥而嗌不嗄，和之至也；终日握而
手不掜，共其德也；终日视而目不瞋，偏不在外也。行
不知所之，居不知所为，与物委蛇而同其波。是卫生之
经已！""为""蛇""波"成韵。

其上半部分与今本《老子》第十章章首之意相同。

载营魄抱一，能无离乎？专气致柔，能婴儿乎？

下半部分与今本《老子》第五十五章相似。

含德之厚，比于赤子……骨弱筋柔而握固，未知牝
牡之合而全作，精之至也。终日号而不嗄，和之至也。
俞樾曰："'全'当作'朘'。"

然而，此处恐为同言而异闻，《庚桑楚》之文未必出自《五千
言》。又有《庄子·杂篇·寓言》载老聃教杨朱之语，曰：

老子曰："而睢睢盱盱，而谁与居！大白若辱，盛德
若不足。"《释文》："盱，香于反，又许吴反，又音虚。"按："盱"与"居"
韵，当读为"虚"音，"辱""德""足"成韵。

其末二句，可见于今本《老子》第四十一章。但《老子》中"盛德"作"广德"。《史记》所载老聃教杨朱之语曰：

> 良贾深藏若虚，君子盛德，容貌若愚。《大戴礼·制言篇上》曰："良贾深藏如虚，君子有盛教如无。"与《史记》此语相似。

由此可见，传为老聃之语而文辞相异者甚多。《寓言篇》之文未必由《五千言》敷演而成。又《庄子·杂篇·天下篇》曰：

> 老聃曰："知其雄，守其雌，为天下溪；知其白，守其辱，为天下谷。"人皆取先，己独取后。曰："受天下之垢。"人皆取实，己独取虚。"无藏也故有余。"岿然而有余。其行身也，徐而不费，无为也而笑巧。人皆求福，己独曲全。曰："苟免于咎。"以深为根，以约为纪。曰："坚则毁矣，锐则挫矣。"

此处引老聃之言者，唯有施点部分而已。其他内容为《天下篇》作者说明老子学说之要。而此处所引老聃之语"知其雄，守其雌"以后四句，今本《老子》第二十八章中有对应之文。

知其雄，守其雌，为天下溪。为天下溪，常德不离，复归于婴儿。"雌""溪""溪""离""儿"成韵。

知其白，守其黑，为天下式。为天下式，常德不忒，复归于无极。"黑""式""式""忒""极"成韵。

知其荣，守其辱，为天下谷。为天下谷，常德乃足，复归于朴。"辱""谷""谷""足""朴"成韵。

朴散则为器，圣人用之，则为官长。故大制不割。

《天下篇》之语甚简，不似今本《老子》之详。且《天下篇》"知其白，守其辱"一句中，"白"与"辱"相对，似以《老子》中"白黑""荣辱"对用更为合理。但也未必如此，按：《老子》第四十一章有"大白若辱"，《庄子·应帝王》中亦有"大白若辱，盛德若不足"一文。可见老、庄二子之时，"白""辱"常对用。盖与"白"字相对的"辱"字，与"荣辱"之"辱"不同义。"辱"为"黣"字假借，其意为黑。老子第四十一章中"辱"字，傅奕本及范应元本作"黣"。"黣"字当为"黣"字或体。因此，不当非议《天下篇》中"白""辱"对用。且"白""辱"二字与"雌""雄"二字相对，"天下谷"与"天下溪"相对，句法工整。而今本《老子》中插入"天下式"等句，词意重复，似不及《天下篇》。

今本《老子》之文，为《淮南子·道应训》所称引，因此未必出于汉以后之人所附益。《天下篇》之语与《老子》之文，乃同语而异闻，二者似皆有所本。盖《天下篇》之语为庄周后学所传老聃之语。而《老子》之文其末加"朴散则为器，圣人用之，则为官长。故大制不割"四句。其意为圣人之制，离"朴"因"器"而立，将圣人所制贬低为"小制"。此或许为主张"绝圣弃智"的慎到后学所传。若果真如此，则可见《天下篇》作者所引老子之言，并非出自今本《老子》之文。《天下篇》所引老聃之言共有三事，均与今本《老子》不合。此亦为《天下篇》并非引自今本《老子》之证。

要言之，《庄子》内篇、杂篇中所称引老聃之言，不见于今本《老子》。而与今本《老子》相似之处，文辞也有所不同。其言多用韵，便于背诵。由此观之，此类言语，原在道家者流之间口口相传，而当时老子《五千言》尚未成书。

《庄子·外篇》中语句与今本《老子》酷似之处，共十一条。如下：

（一）鱼不可脱于渊，国之利器不可以示人。《庄子·胠箧篇》句，与《老子》第三十六章同。

（二）绝圣弃知。《庄子·胠箧篇》语，《老子》第十九章亦有此句。

（三）大巧若拙。《庄子·胠箧篇》语，与《老子》第四十五章语同。

（四）民结绳而用之，甘其食，美其服，乐其俗，安其居，邻国相望，鸡狗之音相闻，民至老死而不相往来。《庄子·胠箧篇》语，与《老子》第八十章相似。

（五）故贵以身于为天下，则可以托天下；爱以身于天下，则可以寄天下。《庄子·在宥篇》语，与《老子》第十三章相似。

（六）为而不恃，长而不宰。《庄子·达生篇》语，《老子》第五十一章亦有此二句。

（七）既以兴人，已愈有。《庄子·田子方篇》语，《老子》第八十一章亦有此句。

（八）夫知者不言，言者不知，故圣人行不言之教。《庄子·知北游篇》语，上二句见于《老子》第五十六章，末句见于《老子》第二章及第四十三章。

（九）故曰："失道而后德，失德而后仁，失仁而后义，失义而后礼。礼者，道之华而乱之首也。"《庄子·知北游篇》语，见于《老子》第三十八章。

（十）故曰："为道者日损，损之又损之，以至于无为，无为而无不为也。"《庄子·知北游篇》语，亦见于《老子》第四十八章。

（十一）视之而不见，听之而不闻，搏之而不得也。《庄子·知北游篇》语，与《老子》第十四章文相似。

以上十一条，皆为陈寿昌《南华真经识余》所指摘，其文与《老子》相似处，在原文中也并未被当作老子之言。《庄子》诸篇中与《老子》相符之处最多者，为《知北游篇》与《胠箧篇》，《知北游篇》中此语被当作黄帝之言。《胠箧篇》出自苏秦后学之手，其征引之处比起道家言，其实更近于纵横家言，且如前文所述，其文似乎出自《周书阴符》之类。由此推论，《庄子·外篇》作者应当也不曾见过老子《五千言》。《庄子·外篇》作者并非一人，各篇制作年代也大多难明，唯有《胠箧》一篇，可明确其成篇于齐王建之世。该篇作者也尚未见过老子《五千言》，可见老子《五千言》成书当在秦代以后。

要言之，老子《五千言》成书当在《庄子·胠箧篇》《韩非子·解老》《喻老》之后，时间大致当在秦汉之际。盖老聃之言说，最初仅在祖述者杨朱、关尹等人之间口口相传，而并未著于竹帛。今传老子之语中最古老部分，皆为韵文，原本是为了便于口诵，而这一特征也暗示了其书由来。然而老子出世当在孔、墨之后。此事第一章已有详论。其后学自我标榜为道家，在与儒、墨对抗之时，必须编纂道家之经典。不仅是编纂经典，为与儒墨所主张的尧、舜、周文、夏禹等圣贤颉颃，道家者也纷纷托言于故圣往哲。而此类托言之文集成之后，即形成《黄帝四经》。而《黄帝铭》六篇、《黄帝君臣》十篇及《杂黄帝》五十八篇等典籍，则由《黄帝四经》敷演文饰而成。起初，儒家兴盛于鲁、卫两国，而墨家兴于宋，道家兴于宋、楚之间。直至齐威王、宣王厚聘招士，天下之士多集于齐国都城，今山东临淄之地。以致稷下学士之盛。以儒学游于此地者有孟子，以墨学游者有宋牼、尹文，而传道家之学者则为蜎渊、慎到之辈，齐国都城由此成为当时文化中心。齐国原为太公望吕尚封地，负山而抱海，土地多为盐碱地，而人口众多。于是太公劝习女工，兴鱼盐之业，以图充实国力。后有管仲、晏子，行功利之事，终成齐桓霸业。因此齐国固有文化与蒙周公遗化的鲁国以及保存殷商文物的宋国不同，以太公、管、晏为模范，崇尚权谋功利之术。直至威、宣之世，他国文化纷纷传入齐国，成为齐国文化转向之始。《晏子春秋》带墨家色彩，管仲之书似道家之言，皆为新来文化所影响。原为阴谋兵权之府的《太公阴符》之书，《史记·齐世家》。逐渐道家化，形成《太公》二百三十七篇。《汉书·艺文志》所载。《苏子》三十一篇之成书，也与此事有关。不仅齐国固有思想有所转向，宋、鲁学术入齐之后，也依其国情有所改变。孟子之儒转为《春秋·公羊》之学。蜎渊、又作环渊。捷子又作接子。等道家之言，转为慎到法家之说，遂成韩非之先河，此亦为一例。而老子《五千言》中，多存法家、纵横家、兵家之言，又与《黄帝书》类似，可见《老子》编纂于以上诸书之后。此外《老子》中并用韵文与散文，当为口传资料与文献资料混杂所致。

第五章

老子的原始思想

如前文所述，老子《五千言》当形成于秦汉之际，且混有法家、兵家、纵横家之言。因此，欲知老子学说之原貌，则当先除去今本《老子》中道家学派以外的思想内容。然而欲删除多余之文，以求《老子》之原貌，须先定其方针。下面将依据以下三条方针，削定其文，想来可以无大过。

精查《五千言》所述内容，比照先秦学术变迁大势，如有符合老子以外诸子中心思想之处，则删去该文。

明确文体异同，除去新添之文而保留古传旧文。为实现此目的，当考察《五千言》中押韵之处，除去无韵之文，而保留有韵部分。有韵部分之中，于转韵之处多加留意，除去后人附益，则可以无大过。盖因有韵部分为古来口口相传之道家者言，而无韵之文多为后人所添加。

据以上二方针删除之后，将剩余文字比照先秦古典中评价老子之语，与之一致者，则可以拟定为老聃之言。

以上三项方针，第一项于前章中已有所尝试，第二项也无须特意说明，今依据第三项方针，试考察老子学说之原貌。

先秦古籍中，品陟老子学说之文共有三处：

（一）老耽贵柔，关尹贵清，子列子贵虚，陈骈贵齐，阳生贵己。《吕氏春秋·不二篇》

（二）慎子有见于后，无见于先；老子有见于诎，无见于信。《荀子·天论篇》

（三）以本为精，以物为粗，以有积为不足，澹然独与神明居。古之道术有在于是者，关尹、老聃闻其风而说之。建之以常、无、有，主之以太一。以濡弱谦下为表，以空虚不毁万物为实。《庄子·天下篇》

以上三条中，《吕览》之说似沿袭于《尸子·广泽篇》，《尔雅疏》引。盖尸子、吕氏之时，先秦诸子之学尚存，因此其言可信。此文于道家诸子，老聃、关尹、列子、田骈、杨朱之说，均有评说，可惜言辞过于简要。如今周秦古书大多散佚，更难知其详。第二条《荀子·天论篇》中仅合论慎子、老子、墨子、宋子，而《非十二子篇》中，并论田骈、慎到，可见在荀子看来，田骈与慎到之学大致相同。因此《天论篇》中将老子与慎子分而论之，可见田骈、慎到之说当与老子之学有显著区别。第三条《庄子·天下篇》与荀子相同，并举田骈、慎到，而另将老聃、关尹共论。可见《天下篇》以老聃、关尹为同一学说，并将其区别于田骈、慎到一脉。三本之中，《吕览》更能阐明道家诸子之间微小区别，而《荀子》与《天下篇》不及《吕览》之详，但二本举其大要而略其小异，识见卓越远胜《吕览》。尤其是《天下篇》记述详尽，由此可以一览老子学说之大要。

前章中已阐述今本《老子》中多传窜入法家之言，尤其是慎到后学之说，且《天下篇》所引老聃之言并非出自今本《老子》。今通览《天下篇》，可见其品陟周秦诸子时，尤为庄周扬名，因此此篇当出自庄周后学之手。文中区别老聃、关尹与田骈、慎到两脉，并加以品评。今欲淘汰今本《老子》中不醇之处，复归道家本来面目，当以《天下篇》品陟之语为标准。试于今本《老子》中，择与《天下篇》之文切合之语，以明《天下篇》之意如下：

　　建之以常无有，主之以太一。

以上二句，综括老子哲学。所谓"太一"一词，不见于今本《老子》之中，而《天下篇》作者所传老子语中有此一词。《吕览·大乐篇》有如下一文：

> 道也者，视之不见，听之不闻，不可为状。……道也者，至精也，不可为形，不可为名，强为之谓之太一。按：《四部丛刊》影印明宋邦乂本"太一"作"太乙"。今从和刻本。

其辞与今本《老子》第十四章及第二十五章相似。可以推测，此处或许原为老子口述之语，后被整理成文，"太一"当为"道"之异名。《天下篇》载惠施之言曰："至大无外谓之太一，至小无内谓之小一。"可见"太一"一词并不仅限于道家使用，当为六国时学者所通用。道家称"道"为"太一"，当源于"道"至大且唯一，《老子》中曾称"道"之异名为"大"。曰：

> 有物混成，先天地生。寂兮寥兮，独立不改，周行而不殆，可以为天下母。吾不知其名，字之曰道，强为之名曰大。大曰逝，逝曰远，远曰反。《老子》第二十五章，"成""生"韵，"改""殆""母""道"韵，"大""逝"韵，"远""反"韵。

> 按：今本《老子》中，此文后有"天大，地大，王亦

大。域中有四大，王居其一焉。人法地，地法天，天法道，道法自然”共三十字。范应元古本中两“王”字均作“人”，与唐代僧人玄嶷《甄正论》中所引相同。该处与下文“人法地”相对，因此当作“人”。而《说文》“大”字之下注“天大地大人亦大”，由此推测，此处也许并非老子之语。“天大地大”以下语句当为小学家所添解释“大”字之语，后误窜入经文之中，而并非《老子》经文。此句之上皆有韵，而“天大”以下无韵，亦可旁证此为后世之语。但《老子》经文以“远曰反”而终，意义似有不足。似乎可将第二十一章“自今及古，其名不去，以阅众甫”_{现今王本“自今及古”作“自古及今”，与下句不成韵，泷川氏所藏河上本栏外引贾大隐《述义》曰：“王本作‘自今及古’。”今据此改正。}等句移至此章之后。以上数句于第二十一章中文理不连贯，《淮南子·道应训》所引，第二十一章之文“其中有信”之下，与今本第六十二章之语相连，而无以上数句。想来以上数句于第二十一章中当属错简，似当移至本章之后。“其名不去”之“名”字，与此章中“强为之名曰大”之“名”字相应。又按：“大曰逝”以下三“曰”字，或当读作“则”字。《老子》中“曰”字多为“则”之义。

此处将“道”名之为“大”，源于“道”为万物周行不殆、

逝而复返之物。今本《老子》中,也将"道"解释为"一"。曰:

> 视之不见,名曰夷;听之不闻,名曰希;搏之不得,
> 名曰微。此三者不可致诘,故混而为一。《老子》第十四章。
> ○"夷""希""微"韵,"诘""一"韵。

> 昔之得一者,天得一以清,地得一以宁,神得一以灵,
> 谷得一以盈,万物得一以生,侯王得一以为天下贞。其
> 致之一也。《老子》第三十九章。○"清""宁""灵""盈""生""贞"韵,
> 河上本无"一也"二字。今据傅奕本,范应元古本亦与傅奕本同。

此处以"一"为"道"之别名。河上本注文中称"一"为"道
之子"。此注当依据于第四十二章之文。

> 道生一,一生二,二生三,三生万物。万物负阴而抱阳,
> 冲气以为和。《老子》第四十二章。○"阳""和"韵。

而《淮南子·天文训》曰:

> 道"日规",始于一。按:"日规"二字或为衍字。一而不生,
> 故分而为阴阳,阴阳合和而万物生,故曰"一生二,二生
> 三,三生万物"。

《精神训》又曰：

> 故曰："一生二，二生三，三生万物。万物背阴而抱阳，冲气以为和。"

"一生二"之上无"道生一"三字，《精神训》注又称"一谓道也"。可见《淮南子》所依据的《老子》中当无"道生一"三字。因此，"一"非"道之子"，而为"道"本身，"一"与"道"并非他物，"一"为"道"之别称。盖以数而论，宇宙本体唯一无二，故老子称"道"为"一"。而为说明其量，又称之为"大"。因此《天下篇》中"太一"一词，乃兼顾数、量而言，"太一"即"道"，而不在"道"之外。称其为"太一"而不称为"道"，是为了与下文"以空虚不毁万物为实"中"实"字押韵。此处仅出于此修辞目的而用"太一"二字。"主之以太一"一句，可见老子以"道"为本体。

老子解释"道"时，多用"常""无""有"三字。《天下篇》称"建之以常、无、有"，即言此事。郭象注似以"常""无""有"三字为一语，而《天下篇》作者之意，似以"常""无""有"每字为一语，三字分为三语。马叙伦《庄子义证》即持此论。《老子》第一章曰：

> 道可道，非常道；名可名，非常名。无名天地之始，有名万物之母。"道""始""母"韵。

第三十二章曰："道常无名……始制有名。"如上，"常""无""有"三字均不相连，可见老子以"常""无""有"每字为一语。《天下篇》作者也不赞同将三字连为一语。盖老子之意，似以"有"字表示"万物及现象"，"无"字指道，即本体。

《老子》第十四章曰：

> 其上不皦，其下不昧，绳绳不可名，复归于无物，是谓无状之状，无物之象。是谓惚恍。"昧""物"韵，"状""象""恍"韵。

由此观之，道之本体无可名状，因此老子形容其为"无"。盖因超越常人感知，故无可名状。故老子又称其"视之不见，听之不闻，搏之不得"。第十四章。"视之不见"为超越常人视觉，"听之不闻"为超越听觉，"搏之不得"为超越触觉。"道"既超越常人感觉认知，故无可名状，无法以语言或文字表达。勉强名状之，则除"无"字外，无可用之字。所谓"无"，为非"有"之义，表示道之本体与现象世界不同，而并非空无之义。然而单说"无"字，容易误读为空无之义。老子为避免此误会，又用"常"字。"常"为恒久不易之义，凡天地之间，万物生灭变化不息，而"道"恒久不易，故冠以"常"字称之为"常道"。要言之，老子以"常""无""有"三字解释"道"。《天下篇》曰"建之以常、无、有"，即为此意。

　　以濡弱谦下为表，以空虚不毁万物为实。

万物生灭变化不息，而"道"恒久不易，但"道"与万物并非全无关系。万物皆为"道"所生，"道"为万物之母。故曰：

　　道生之，德畜之，物形之，势成之。……生而不有，为而不恃，长而不宰，是谓玄德。《老子》第五十一章。〇"生""形""成"韵，"有""恃""宰""德"韵。

　　万物作焉而不为始，生而不有，为而不恃，功成而不居。《老子》第二章。〇"始""有""恃""居"韵。按："不为始"三字，现行王弼本作"不辞"二字。今据第十七章王注所引经文改正。"不居"，现行王弼本作"弗居"，据注当作"不居"，今据此订正。

　　大道泛兮，其可左右。万物得之以生而不辞，功成而不有。《老子》第三十四章。〇"右""辞""有"韵。按：现行王弼本，"得之以生"四字作"恃之以生"，"而不有"三字作"不名有"，王本当有误。今据《文选·辨命论》注所引订正。

而"道"不仅生化万物，也是万物死灭之源。故曰：

> 万物得之以死，得之以生，得之以败，得之以成。
> "生""成"韵。○今本《老子》无此四句，今由《韩非·解老篇》摘出。

天地万物皆生于道，又归于道。故曰：

> 凡物芸芸，各归其根，归根曰静，静谓复命。复命曰常。
> 《老子》第十六章。○"芸""根"韵，"静""命""常"韵。按："各"字下，
> 王本有"复"字，"静谓"作"是谓"，今从注义改正。

《吕氏春秋·大乐篇》曰：

> 太一出两仪，两仪出阴阳。阴阳变化，一上一下，
> 合而成章。浑浑沌沌，离则复合，合则复离。是谓天常。
> 天地车轮，终则复始，极则复反。

此段似乎也由老子之意衍生而成。宇宙间诸多现象千差
万别，皆为大道周行之过程，最终将复归于道。此理恒久不易，
故曰"复命曰常"。此谓之"天常"亦可，而因循此"天常"者，
即为"人道"。老子将遵从"天常"之工夫归为"虚静"二字。

故曰：

> 致虚极，守静笃，万物并作，吾以观复。《老子》第十六章。
> ○"极""笃""作""复"韵。按：现行王弼本，"复"字上脱"其"字，
> 今据《淮南子》所引经文补正。依注，王本原有"其"字。

所谓"致虚"者，为去其意欲，虚其心之意。若得虚心，
则自然守静。能守静，方得以循大道之自然，从而使万物不
至灭亡。故曰：

> 静谓复命。复命曰常，知常曰明。不知常妄作凶。
> 知常曰容，容乃公，公乃生，生乃天，天乃道，道乃久，
> 没身不殆。《老子》第十六章。○"命""常""明"韵，"凶""容""公"
> 韵，"生""天"韵，"道""久""殆"韵。按："知常"以下，诸本均无"曰"
> 字，旧钞河上本《广明幢》有"曰"字。今据此补正。依注义，王本亦有"曰"
> 字也。"公""乃""生"诸本"生"作"王"。今据敦煌无注本，道藏《次解》
> 本改正。

《天下篇》中所谓"以空虚不毁万物为实"即言此意。

自道而出，又复归于道，此为万物必然之过程。此过程中，
随时光流逝而生种种变化。故曰：

故物或行或随，或嘘或吹，或强或羸，或挫或隳。《老子》第二十九章○按："培"字，王本作"挫"，《景龙碑》作"培"，均为"培"字之讹。今据傅奕本改正。河上本作"载"，"培""载"义同，"随""吹""羸""隳"韵。

如"随""吹""羸""隳"之类，所指均为相反状态，皆为大道流行过程之一面，而并非绝对之物。故曰：

有无相生，难易相成，长短相形，高下相倾，音声相和，前后相随。第二章○"形"，王本作"较"。今据河上本。"生""成"韵，"形""倾"韵，"和""随"韵。

然而人之常情往往尚高贱下，避难趋易，欲前而不求后。因此，若从其常情而固守之，则有悖天常之道。故老子常教人从其所恶。故曰：

知其雄，守其雌，为天下溪，知其白，守其辱，为天下谷。《庄子·天下篇》引老聃语。○"雌""溪"韵，"辱""谷"韵。

兵强则灭，木强则折。《列子·黄帝篇》引老聃语。《老子》第七十六章亦载此语，文辞有所不同。"灭""折"韵。

弱之胜强，柔之胜刚，天下莫不知，莫能行。是以

　　圣人云：受国之垢，是谓社稷主；受国之不祥，是谓天下王。《老子》第七十八章。〇"强""刚""行"韵，"垢""主"韵，"祥""王"韵。

　　圣人后其身而身先，外其身而身存。《老子》第七章。〇"先""存"韵。

此类言语众多，今仅举四则而已。要言之，此皆为《天下篇》所谓"以濡弱谦下为表"之意，《汉书·艺文志》所载"卑弱以自持"之义也不外如是。

　　上文中，据《天下篇》所述老子学说之要，集录今本《老子》之语，以示其学说。其文是否确为老聃之语，尚可存疑，但至少可确信其为原始道家之说。因此，今本《老子》中，与上文所述要旨无矛盾部分，或为古道家之言。而与之相反部分，当为道家发展过程中，后人窜入之文。

　　上文已述老子之原始学说，因此不得不言及此种学说兴起之年代。熟读老子《五千言》，并精查上述所引《老子》之语，并无一言明示其年代。然而，从思想精粗、学说深浅程度分析，老子之学必为儒、墨更进一步而形成。《论语》二十篇中最古部分之中，即《泰伯》以上八篇。没有任何受老子之学影响痕迹，也无一言反驳其说。墨子之书，有非儒部分，却无排老子之言。

而《老子》之中，"道可道非常道"一文，似为暗评儒家之言。"以濡弱谦下为表"之说，似与墨子勤俭节用主义相对抗。

合而考之，老子学说，仅以所谓原始部分而言，必出自儒、墨之后。第一章批判《史记·老子传》时，已推定老子年代当处于孔、墨之后，思、孟之前。二处判断一致。此说与传统说法相悖，恐不免有怪异之感。并非我好立异说以竞新奇，而是认为比起因循旧说，重新整理先秦学术发展路径，方能更合理地解释《老子》的成书过程。

起草此稿时，得以参考敦煌本《玄言新记》及无注本《老子》，我深感欣悦。二本均为法国人 Pelliot（伯希和）所获敦煌古抄本。今藏于法国巴黎国家图书馆。去年吾师内藤湖南博士亲赴法国以调查 Pelliot 所搜辑古抄本，吾友石滨学士也与之同行。内藤博士带回敦煌本照片共数百种。敦煌本《玄言新记》及无注本《老子》即在其中。我请于内藤博士及石滨学士，得以借览之。盖千百年学者未见之书，读之可以知前所未知之事，亦足以补充我所论。我深谢内藤博士及石滨学士之恩，亦不得不感谢 Pelliot 公开秘藏贡献学界之德。

大正十五年九月初一日附记

《老子原始》补正

第二节中，我曾论证道藏靡字号《道德真经集注》卷首所载葛玄序即为《老子序诀》之文。前文中已举三证，而后读道藏羔字号《道德真经广圣义》，又得一证。据《广圣义》序文所述，该书为唐代杜光庭参考前代诸家注六十余家，以敷演玄宗注之书。共三十卷，天复元年九月十六日成书。其第一卷引《太极葛玄仙公道德经序诀》曰：

> 河上公者，莫知其姓名也。汉孝文皇帝时，结草为庵于河之滨，常读老子《道德经》。

第二卷引《序诀》曰：

老子之号，始于无数之劫，杳杳冥冥，眇邈久远矣。

第三卷引《序诀》曰：

老君谓尹喜曰："尔应为此宛利天下，弃贤世界，传弘大道，子神仙者矣。"

以上三节，虽有一二文字不同，但其文与《道德真经集注》卷首所载葛玄序大体一致。此为葛玄序即为《老子序诀》之明证。

杜光庭所引之文不仅可证葛玄序即为《序诀》，也可据其所引订正葛玄序文字之误。

（一）葛玄序"无数之劫甚"之"甚"字不见于杜光庭所引之文，恐为衍字。

（二）"弃贤世传弘大道子神仙者矣以二十八日中"，据杜氏所引，"世"字下有"界"字。按：《集注》卷首无"界"字则文意不通。当从杜氏所引，加"界"字，读为"弃贤世界，传弘大道，子神仙者矣"。"以"字之下，杜氏所引有"其月"二字，"中"字下有"时"字。按："以"字之下，加"其月"二字，文意甚明。"中"字下有"时"字与敦煌本《老子》相符，但敦煌本"中"字之上还有一"日"字。合杜氏所引及敦煌本，其文当作"以其月二十八日日中时"。

以上据杜氏所引《序诀》改定《集注》卷首序文之处。而据《史记·老子传》正义所引葛玄序亦可有所改定。即《集注》卷首"老子体自然,而然生乎太无之先"二句,据《史记正义》所载,"自然"之下无"而然"二字,"太无"作"太始"。可以推测,"而然"二字为"自然"异文。此序原本一作"而然",异本作"自然"。前人校合之时,在"而然"旁注"自然"二字,后人误将二文并存。"太无"作"太始"似乎更为合理。

老子《道德经》析义

凡 例

一、经文从王弼本，对照道藏王本与明和王本，兼参考他书所引王本，尽可能订正其误。

二、经文中，后人敷演、注解、评语窜入经文，且有碍于上下文脉贯通的部分，以小字标示，以区别于古来所传部分。

三、经文中有错简之处，存其旧态，但也尽量订正其误。以［　］标示当删去部分，「 」标示该字句由他章移至此处。

四、分章从于通行本八十一章之区分，但不合理之处，或将二三章合并共同分析，或在一章之中区别节、段。

五、经文中有韵部分，于韵脚处加圈，转韵处交替使用。与·，以分别之。

六、考异中所举异文，以订正王弼本、判断是非为主旨，而不旁征博引。

七、文义解释不依据后世注释，而尽量在周秦古籍中寻找证据，力求发挥道家思想之原始面目。无法理解之处也避免牵强解释。

老子《道德经》上篇

  《史记·儒林传》称《道德经》为"老子书",《韩非·喻老篇》引《道德经》经文时称"书曰"。由此可以想见,汉初之时该书题为《老子书》,其后才被称为《老子道德经》。焦弱侯《老子翼·附录》认为,其书被称为经,源于汉景帝尊信老子,而改称其书为经。但"经"原与"传"注释。相对,《汉书·艺文志》已记有《老子邻氏经传》等书。由此可见,"经"字原与注文相对,表经文之意,而并非为尊信其书而添加。《道德经》之名成立,当源于《史记·老子传》所述"老子犹著书上下篇,言道德之意五千言"。"道德"二字描述其书内容。"老子道德经"意指老子所述道德之意之经文。该书题传于后世,或改为《老子通玄道德经》,或改为《道德真经》,等等。而王弼本似题为"老子道德经"。唐代将王弼注改题为"玄言新记道德"或"新记玄言道德",此为唐代道士所改之名,而并非王弼本旧名。

王弼《老子注》分为上下两卷,并称其为"上篇""下篇"。此事第二十章注文中已有明言。此上下篇之名与《史记·老子传》所记一致,当为古代所传之名。而后世常称上篇为"道经",下篇为"德经"。此为河上公本标题,而王弼本无"道经""德经"之名。后世注家往往本诸河上公本标题,称上篇论道,下篇论德,但上下篇内容并无太大差异。河上本将其分题为"道""德"二字,仅因上篇篇首为"道"字,下篇篇首为"德"字而已,并无其他深意。今以王弼本为主,故标题亦从王本。

今存王弼本皆分为八十一章,但此为河上公本分章方式,后移至王弼本。王弼原本如何分章今已难明。为图便利,姑且采用通行本分章,有不合理处则将二三章合并,共同分析。

第一章

(一)道可道非常道,名可名非常名。无名天地之始,有名万物之母。(二)[故][常无欲以观其妙,常有欲以观其徼]。(三)此两者同出而异名,同谓之玄,玄之又玄,众妙之门。

【考异】（一）"天地之始"，《史记·日者传》所引此句"天地"作"万物"。其下王弼注曰"未形无名之时，则为万物之始"。前人或据此主张王本中"天地"亦作"万物"。但王弼本中，原本就常将"天地"解释为"万物"，因此王本经文中或许仍作"天地"。（二）《景龙碑》与《开元幢》中句首无"故"字。王本或有"故"字，但此二句当为后人添加以说明"众妙之门"之语，窜入经文后又加一"故"字。

以上五十九字，河上公注中作第一章，且名之为"体道章"。后世有注释家认为，此一章足以尽《老子》全篇之意。但此章是否全为老子之言，仍有可疑之处。试检其句法，初四句为六字句，其后二句为七字句，最后四句为八字、四字句。最初四句以"道""始""母"字成韵，而最后四句无韵。《韩非子·解老篇》与《淮南子·道应训》《氾论训》中，均引篇首一、二句并加以说明，而其他部分于古籍中无所征引。由此可见，初四句当为古来所传老子之言，而最后四句或许并非老子所言。恐为祖述老子者敷演而成。中间二句以"妙""徼"字押韵，以"故"字与初四句相连，但文意并不连贯。以"无欲""有欲"承接上文"无名""有名"，但二者思想上有鸿沟，无法相连。后世注释家苦求解释，或将其解释为"欲以常无观其妙，欲以常有观其徼"，以"无""有"二字承接前文。

但与之相同的句法也可见于第三十四章，因此已有古人指出，该解释无法成立。第三十四章与此处句法相同之文为"常无欲，可名于小"七字，熟读第三十四章则可知该七字为后人所加。可见第一章中此二句也当为后人所加，其意为解释进入"众妙之门"之法。

（一）初四句文意当与第二十五章"有物混成，先天地生，宋兮寥兮，独立不改，周行而不殆，可以为天下母。吾不知其名，故强字之曰道"一段合并解释。据此一节所述，老子所言"道"为现象世界中万物之本体，而暂且将其称为"道"。现象世界中的万物时时刻刻变化不止，而作为本体的"道"为恒久不变之物，故可称其为"常道"。世人以"孝""悌"为道，但"孝""悌"之类，仅为父母兄弟之道，而并非老子所指"常道"。因此老子称"道可道，非常道"。老子虽将其称为"常道"，但"常道"二字并不足以指代本体。因为所有的"名"均为人类所创语言，仅可用于指代相对之物，而无法用于称呼恒久、普遍之本体。因此老子又称"名可名，非常名"。现象界的天地万物均为相对之物，因此均有其名，而作为天地万物之源的本体为绝对之物，超越人类认知，无法用相对性的语言表达。勉强用言语表达，则只能用"无名"二字。因此老子又称"无名天地之始，有名万物之母"。此句之意为：天地之始，本无名，直至演化万物，产生现象，才可为万物命名。

（三）"此两者"指"天地之始"与"万物之母"，换言之即为本体与现象。溯至源头，则本体与现象相同，至于产生现象，则本体与现象变为不同之名。但本体与现象本质上并非二物。虽然本质相同，但常人所见现象世界并非"道"本身。"道"与现象的关系，超出人类认知，故称之为"玄"。而玄中之玄，即为天地万物，现象生成之处，称之为"众妙之门"。

（二）为后人之语，阐述悟入众妙之门的方法在于"无欲"二字。"常无欲以观其妙"等，意指若能常无欲，则得以悟入妙门，与之相反，为欲所蔽则仅能观其一偏。"徼"字，古来注释家有着种种解释，今从玄宗注，将其视为"边徼"之意。

第二章

（一）天下皆知美之为美，斯恶已；皆知善之为善，斯不善已。（二）故有无相生，难易相成，长短相形（较），高下相倾，音声相和，前后相随。（三）是以圣人居无为之事，行不言之教，（四）万物作焉而不辞，生而不有，为而不恃，功成而不居。（五）夫唯不居，是以不去。

【考异】（二）每句中"相"字，河上公本、傅奕本作"之"

字。"长短相较"之"较"字，诸本作"形"，仅王弼本作"较"。此节每六句、二句押韵，故"形"字为当，若作"较"字则与"倾"字不合韵。（四）"万物作焉"中"焉"字，不见于河上公本《景龙碑》、《开元幢》、《景福碑》。现行王弼本中有此一字当为误谬。"不辞"，现行王弼本与其他诸本中均作"不辞"，仅在傅奕本中作"不为始"。据第十七章注文，可见王弼本亦有异本作"不为始"。"功成而不居"中"不"字，河上公本作"弗"字。现行王弼本亦作"弗"字，但据注文内容推测，王弼本当作"弗"字无误。《淮南子·道应训》引此文亦作"不"。傅奕本此句作"功成而不处"，《景龙碑》作"成功不居"，《开元幢》与《景福碑》作"功成不居"。（五）此处"不居"，诸本皆与上句用相同文字。

以上第二章，河上公注题作"养身章"。然而，熟读全章，可见其内容未必与养身相关。分析文法、文义后，可将此章大致分为五节。其中第一节与第二节之间，以"故"字相连，可见第二节应当为第一节中推出的结论。但从文义分析，以第二节为前提，推论出第一节所述结论，似乎更为自然。此外，《淮南子·道应训》引此章（一）作"老子曰：'天下皆知善之为善，斯不善也。'故'知者不言，言者不知'也"。现行《老子》中，"知者不言，言者不知"二句可见于第五十六章。该二句于第五十六章中文义与上下文不相连贯，移至此处似乎更为得当。想来汉代所传《老子》，此处当与《淮南子》所引一致。《庄子·知北游》云："夫知者不言，言者不知，故圣人行不言之教。"成玄英疏认为，此处"行不言之教"当为《老子》之文，《知北游》作者所见《老子》中，"知者不言"等句似乎直接与"行不言之教"相连。现行《老子》中第四十三章有"不言之教，无为之益，天下希及之"一句，四十三章此句前文，述"无为之益"，但并未言及"不言之教"，由此推论该句原当位于此章。今试补齐此章脱文，并订正顺序如下：

> 有无相生，难易相成。长短相形，高下相倾。音声相和，前后相随。"生""成"韵，"形""倾"韵，"和""随"韵。天下皆知美之为美，斯恶已；皆知善之为善，斯不善已。故知者不言，言者不知。是以圣人处无为之事，行不言之教。不言之教，无为之益，天下希及之。万物作而不辞，生而不有，为而不恃，功成而不居。夫唯不居，是以不去。"辞""有""恃""居"韵，"居""去"韵。

如上，改订之后，则文义明了。即天下万物均为相对之物，言"有"则可预想"无"，言"难"则必有"易"，离"有"则无可言"无"，无"易"则不可有"难"。高下、长短、音声（声为单音，音为音律。）、前后、美丑、善恶等等，均为相对概念。而世人以美为美，以善为善，误将其视为绝对之物。然而，从绝对的"道"出发，以上均为误谬。绝对的"道"超越常人认知，无法用言语表达，因此真正的知者不发一言，而言者均为不知真理之人。因此真正体道之圣人行不言之教、无为之行。能真正实施无为之教，履不言之行，即为世间至善之事。所谓"不言之教，无为之行"究竟为何物，后文又有解释。

道生万物，而不发一言，且不将所生之物视为己有，不将万物的生生变化视为自己的功劳。道使万物功成而不自居其功，不自居其功，因此才得以恒久。

全章之中，（二）（四）部分押韵，当为古来所传老子之言。其他部分当为后人所添解释原文之言。全章当非出自一人之手。最有力的证据可见于最后二节，即"万物作而不辞"以下四句，以"辞""有""恃""居"字押韵。从《诗经》等典籍中，可见"辞""有""恃"成韵。但"居"字与以上三字押韵为《老子》特有用法。《诗经》中"居"字从古声，读作"kyo"，《老子》中当读为"ki"。《列子·黄帝篇》中关尹对列子的话语中有"姬鱼语女"一言，《庄子·达生篇》言及此事时，此处作"居吾语女"。可见关尹、列子所居之地，当时的语言中，"居"与"姬"同音。关尹、列子将《老子》中的"居"

字也读作"ki",从而使"夫唯不居"中的"居"字与后文"去"字押韵。由此可见,最后二句为老子之学传播时,后人所衍。《老子》之中,"夫唯"云云之词甚多,恐皆为后学所衍。(《礼记·檀弓篇》郑玄注"居,读如姬姓之姬"。)

第三章

（一）不尚贤,使民不争；不贵难得之货,使民不为盗；不见可欲,使心不乱。（二）是以圣人之治,虚其心,实其腹；强其骨,弱其志。（三）常使民无知无欲,使夫知者不敢为也。为无为,无不治。

【考异】（一）"尚贤",《景龙碑》作"上贤",但文义不变。"使心不乱"中的"心"字之前,现行王弼本中有"民"字,而《淮南子》及《景龙碑》《开元幢》《景福碑》均无此"民"字。王弼注文中有"可欲不见,则心无所乱也",可见王弼本原文中也无此"民"字。但傅奕本中有"民"字,由此可见现行王弼本乃据傅奕本校勘增订而成。（二）"强其骨,弱其志"六字,今本《老子》中作"弱其志,强其骨",但其下王弼注"骨无知以干,志生事以乱",由此可见王弼所据原文也以"强其骨"

为先。据此改正此句，则可见"志"字与后文"腹"字押韵。（三）"使夫知者不敢为也"之后，《景龙碑》中无"为无为"三字，章末"治"字，傅奕本作"为"。

以上第三章，河上公本称其为"治民章"。其内容大致为治民之法，故河上公本所取章名可谓恰当。

借《庄子·庚桑楚》之言，此章内容大致可总结为"举贤则民相轧，任知则民相盗"。民众相争源于尊崇知者、贤者，盗贼纷起源于重视财宝，心中不定源于有欲。因此，不尚贤、不贵财宝、不见所欲之物，则可致盗贼不起、纷争不生、心中宁静安定。圣人治天下，虚民之心，弱民之志，使之无知无欲，不使知者、贤者参与政事。如此则可天下大治。

此章中仅有"圣人之治，虚其心，实其腹；强其骨，弱其志"一句为韵文。将该句与《淮南子·精神训》中"夫血气能专于五藏而不外越，则胸腹充而嗜欲省矣"相比较，则可见该句大意为：为节制欲望，当尽量不消耗血气。该句或为老聃之语。但其他散文部分，推崇无知、不尚贤的方针，与主张愚民政策的慎到思想一致，恐怕并非老子之言。

第四章

道冲而用之又不盈（满），渊兮似万物之宗。[挫其锐，解其纷，和其光，同其尘。]湛兮似或存，吾不知谁之子，象帝之先。

【考异】"冲"字，傅奕本作"盅"，与《说文》所引《老子》同。但《淮南子·道应训》所引《老子》此处作"冲"，与现行诸本相同。"又"字，现行王弼本与河上公本均作"或"。《淮南子》所引《老子》以及傅奕本《景龙碑》《开元幢》均作"又"。王弼注"故冲而用之又复不盈"，由此推测王弼本原作"又"，后据河上公本改为"或"。"盈"字，傅奕本作"满"，范应元所引王本也与之相同。"满"与"盈"意义相同，但为与后文"存""先"字押韵，似乎"满"字更为恰当。"渊兮似万物之宗"七字，《开元幢》作"渊似万物宗"五字，且"渊"字缺笔画，《景龙碑》作"深乎万物宗"，此处当为避唐高祖讳而改为"深"字。"湛兮似或存"五字，《景龙碑》《开元幢》均作"湛常存"三字。"渊兮湛兮"中两"兮"字河上公本作"乎"。"谁之子"中"之"字不见于《景龙碑》《开元幢》。

以上内容，河上公本中被称为"无源章"。该章名与内容大致相符。但该章中间"挫其锐"以下四句十二字，亦可见于第五十六章。于此章中，此四句与前后文不相连贯，故恐为错简。删去此四句，则可见此章隔句成韵，以"满""存""先"押韵。此处四句当为错简，五十六章处将补充说明。

"冲"或"盅"字，均与"满"字为对语，意为"虚"。道之为物，视之不见，听之不闻，超越人类认知，故可称之为"冲虚"。其作用可使万物生生不息。第四十五章称"大盈若冲，其用不穷"。此章中称"用之又不盈（满）"，与四十五章"其用不穷"之意相同。此章中不称"不穷"而称"不盈（满）"，源于此章中以水为喻。后文中"渊兮""湛兮"均为喻水之辞。此处虽称"道"为"冲"，但绝非空虚之意。万物皆生于道，因此万物现象均包含于道中。"渊兮似万物之宗，湛兮似或存"即言此意。道为万物本源，故万物并非生于他物，故曰"吾不知谁之子，象帝之先"，"帝"与"天"同义。

第五章

（一）天地不仁，以万物为刍狗；圣人不仁，以百姓为刍狗。（二）天地之间，其犹橐籥乎？虚而不屈，动而愈出。（三）多言数穷，不如守中。

【考异】（二）"橐籥"之下，《景龙碑》《开元幢》均无"乎"字。"屈"字，傅奕本作"诎"。"诎"与"屈"同义。据陆德明《释文》记载，王弼本似作"掘"，但从王弼注文分析，此处当作"屈"。"愈"字，傅奕本、《景龙碑》、《开元幢》中均作"俞"。盖古代无"愈"字，故用"俞"，"俞"为"愈"字古形。

以上河上公本将其命名为"虚用章"，并将其独立为一章，但《景龙碑》中第四章至第六章连为一章。细读此章，可分为三节。

（一）"天地不仁"与"圣人不仁"中"不仁"二字，后世注释家或引《庄子》"大仁不仁"之意，将其解释为天地圣人均为"大仁"。其实，此处依字面意思，解释为天地、圣人均属不仁即可。何以称其"不仁"？因天地将万物视为刍狗，圣人也将百姓视为刍狗，不施仁恩，故称"不仁"。所谓"刍狗"，是将刍草束为狗形，用以祭祀、谢过求福之物。《庄子·天运篇》云："夫刍狗之未陈也，盛以箧衍，巾以文绣，尸祝齐戒以将之。及其已陈也，行者践其首脊，苏者取而爨之而已。"也就是说"刍狗"用于祭祀之时，被视为神圣之物，但祭祀完毕后，便被视为草芥，随意丢弃。与之相似，天地生育万物，圣人爱抚百姓，也仅因当时有必要而为之。当无此必要时，则不将万物、百姓置于眼中。因此不可谓天地、圣人行仁恩之事。《淮南子·齐俗训》中批判儒家以礼义治世之说，曰："所谓礼义者，五帝三王之法籍、风俗，一世之迹也。譬若刍狗土龙之始成，文以青黄，绢以绮绣，缠以朱丝，尸祝袀袨，大夫端冕，以送迎之。及其已用之后，则壤土草芥而已，夫有孰贵之。"以此批判已成之法，主张适应时代以制定新法。合而考之，可见此章比起老子之言，更近于由道家所衍生出的法家者之言。

（二）"橐籥"为铁匠所用生风吹火的道具，俗称为风箱。"橐籥"的结构使其能从空虚的箱子里吹出风。不断地使用它便可以无限地产生风力。天地之间本为空虚，但其作用却可以不断地生成万物，正与"橐籥"相似。此一节与上一节不相连。

（三）为格言，告诫人们不要多言，内容与上节无关。"中"字有多种意义，与两端相对时表中央，中外相对时表内部。此外还可读为第四声，表恰好对上、符合之意。此章中"守中"二字与"多言"相对，将其解释为内藏智慧且默然不语更为得当。《庄子·人间世篇》云："夫两喜必多溢美之言，两怒必多溢恶之言。凡溢之类妄，妄则其信之也莫，莫则传言者殃。故法言曰：'传其常情，无传其溢言，则几乎全。'"合而考之，"多言"，即为"溢言"，"守中"意为守其当为之事，也就是"传其常情"之意。两句均为戒多言之意，与前节不相连贯。

第六章

谷神不死，是谓玄牝。玄牝之门，是谓天地之根。绵绵若存，用之不勤。

【考异】《景龙碑》与《开元幢》中，"玄牝之门，是谓天地根"二句作"玄牝门天地根"六字。

第七章

天长地久。天地所以能长且久者，以其不自生，故能长生。是以圣人后其身而身先，外其身而身存。非以其无私邪？故能成其私。

【考异】"长且久者"，《景龙碑》《开元幢》中无"且"字。"非以其无私邪"，《景龙碑》中无"非"与"邪"字。《开元幢》与《景福碑》中仅无"邪"字。陆德明《释文》称河上公本无"非"与"邪"字。由此可见，《景龙碑》当为河上公本，王弼本此处当如今本所记。《淮南子·道应训》所引也与王弼本合。

以上二章，河上公本也将其分为二章，并分别称为"成象第六"与"韬光第七"。后世注释家多从之。但我认为，后章乃由前章敷演而成，二章相互连贯。今试将其说明如下。

"谷神不死"以下六句，于《列子·天瑞篇》中有所引用，并将其当作《黄帝书》之语。"死"与"牝"字成韵，"门""根""存""勤"四字又别成一韵。此文就算并非老子亲言，也当属古来所传道家者言。

"谷神"二字，陆德明《释文》称此处河上公本作"浴神"，但现存河上公本仍作"谷神"。但东汉陈留郡边韶所作老子碑铭，引此文作"浴神"。但无论是"谷神"还是"浴神"，文义均不明。《列子·天瑞篇》认为，生生变化的万物，起源于不生不化之本体，该本体使万物产生生生变化，但本体并不能生生变化。其后引"谷神不死"以下六句，并将其记作《黄帝书》之语。"谷神不死"等句承接"故生物者不生，化物者不化"二句。由此推测，"谷神不死"中"不死"二字为不生不化之意。而"谷神"当指生化万物之灵妙作用。"谷"字原与"穀"字同音，古籍中往往通用。《汉书·王莽传》即将"五穀"写作"五谷"。《尔雅》中有"谷风"一词，曹魏孙炎即将其解释为"谷，言穀也"。以上均可证"谷"与"穀"通用。而"穀"有"生""养"之意，因此《老子》中"谷神"当指《列子》所谓"生物者"。因此，此章之意当为："谷神"，即生化万物之神为永久不灭之物，具有生化万物之灵妙作用，因此称其为"玄牝"。且"谷神"或"玄牝"，永久不灭，无限运作，因此又称其"绵绵若存，用之不勤"。

第七章中"天长地久"一文，承接前章"天地之根"。天地得以长久，乃源于其展现为"道"（也就是"谷神"）之形。也就是说天地生万物而不自生，并不产生于他物，因此"道"或者说"天地"得以长存。有道之圣人仿效天地之作用，后其身、外其身而动，反而可存其身，且使其身先于他人。外其身，其行为方能无私，因其无私，反成就其私。

第八章

上善若水。水善利万物而不争，处众人之所恶，故几于道。[居善地，心善渊，与善仁，言善信，正善治，事善能，动善时。]夫唯不争，故无尤。

【考异】《景龙碑》《开元幢》"而不争"中"而"字作"又"，"与善仁"中"仁"字作"人"，"正善治"中"正"字作"政"。傅奕本"处"字作"居"，"几于道"之下有"矣"字，"人"字、"政"字与《景龙碑》同。

以上河上公本中名之为"易性章"，但其内容唯述不争之德而已。其中"居善地"以下七句，与上下文不相连贯，且王弼本中对此数句也无解释。恐为古注窜入经文所致。苏子由之注称此七句言水有七德，林希逸称此七句皆言有道者之善，二说均不得当。此七句当为古时注文残篇，为解释"上善"中"善"字之文。

所谓"上善若水"，意指水处卑下，不与物争。不争即为善中之善，也就是"上善"。故称"上善若水"。"故几于道"指道与水均具不争之德，故相似。但道为虚无，而水为现象之存在，故不可称二者同，而特言"几"。《淮南子·原道训》云："夫无形者，物之大祖也；无音者，声之大宗也。其子为光，其孙为水，皆生于无形乎！夫光可见而不可握，水可循而不可毁，故有像之类，莫尊于水。"可见此一脉道家学者常以水为喻。理解此章时可参考之。

第九章

（一）持而盈之，不如其已。揣而锐之，不可长保。金玉满堂，莫之能守。富贵而骄，自遗其咎。功成名遂身退，天之道。「（二）保此道者不欲盈，夫唯不盈，故能蔽不新成。」以上十七字旧在第十五章。

【考异】（一）"不如其已"，《景龙碑》作"不若其以"。"以"表停止时与"已"同义。"揣而锐之"，傅奕本作"敪而棁之"，其下注曰："敪，音揣，量也。""敪"为"揣"字或体，《说文》中无"敪"字，《集韵·四纸韵》中有此字。"锐"字，据《释文》记载，仅河上公本作"锐"，王注本作"棁"。但据王弼注文之意，其原文也当作"锐"而不作"棁"。"棁"当为假借，正字当作"锐"。《景龙碑》《开元幢》《景福碑》皆作"锐"。"满堂"，傅奕本作"满室"。"其咎"中"咎"字，《景龙碑》《开元幢》均作"咎"。"功成名遂"四字，现行王弼本作"功遂"二字，《释文》亦标出"功遂"二字，且注曰"一本作'成'"。但据王弼注文可见原文中当有"成"字。今本乃据《淮南子》所引及《景龙碑》《开元幢》校改而成。傅奕本作"成名功遂"，《景福碑》及《淮南子》中"道"字之下有"也"字。

（二）"保此道者"以下十七字，诸本均存于第十五章末，但于第十五章中文义不畅。《淮南子》作者所见《老子》中，该十七字当存于本章之末，据此将其移至此处。末句"故能蔽不新成"中"蔽"字，《淮南子》中作"弊"，且其下有"而"字。《景龙碑》中仅作"能弊复成"四字。

河上公本中此章被称为"运夷章"。全章隔句押韵，且文义明晰。"保此道者"以下数句移至此处，其理由可见于《淮南子·道应训》所载以下段落：

> 孔子观桓公之庙，有器焉，谓之宥卮。孔子曰："善哉！予得见此器。"顾曰："弟子取水。"水至，灌之其中则正，其盈则覆。孔子造然革容曰："善哉！持盈者乎！"子贡在侧曰："请问持盈。"曰："益而损之。"曰："何谓益而损之？"曰："夫物盛而衰，乐极则悲，日中而移，月盈而亏。是故聪明睿智，守之以愚；多闻博辩，守之以陋；武力毅勇，守之以畏；富贵广大，守之以俭；德施天下，守之以让。此五者，先王所以守天下而弗失也。反此五者，未尝不危也。故老子曰："服此道者不欲盈。夫唯不盈，故能弊而不新成。""

以上《淮南子》文中所论"持盈"一事，由本章章首"持而盈之"一句敷演而来。《淮南子》中以"服此道者"云云结尾，暗示了此句于第十五章为错简，当移至此章中。

此章中以水为喻，讲述退一步之道。"盈而持之"之意，前文所引《淮南子》文中已有详述。"揣而锐之"一文以锋刃为喻，述退一步之道。"揣"为捶锻之意。"锐"为磨砺，也就是锉磨锋刃使其锐利之意。"不如其已"与"不可长保"两句为互文。也就是说，持器并使其满盈（持而盈之），或是磨砺锋刃使其锐利（揣而锐之），均不得长久。不如停止盈之、锐之为好。"金玉满堂""富贵而骄"二句之意，也大致如上。"功成名遂身退，天之道"二句为以上诸条之结论。"保此道者"中"此道"承接上文"天之道"，意为戒"欲盈"之事。

第十章

（一）载营魄抱一，能无离乎？专气致柔，能如婴儿乎？涤除玄览，能无疵乎？爱民治国，能无以为乎？天门开阖，能为雌乎？明白四达，能无以知乎？[（二）生之畜之，生而不有，为而不恃，长而不宰，是谓玄德。]

【考异】（一）"载营魄"，《册府元龟》所载唐玄宗天宝五载诏书，曰："顷改《道德经》'载'字为'哉'，仍隶属上句，遂成注解。"玄宗所改"载"字为章首之字，《开元幢》未改。该幢开元二十年刻立于易州，与天宝之后改定注本不同。玄宗所注经文中，较有名者为《孝经》，该经注有开元初注本与天宝重修本二种。初注本有古抄本存于日本，重修本以《石台孝经》为首，版本众多。对比初注本与重修本，可见修订之处极多。由此推测，《老子注》亦有二本，且相差较大，但后定本今无所传。因此经文考异中仅引用《开元幢》本。"抱一",傅奕本作"裒一","裒"与"抱"意同。但《说文》"裒,裒也",大徐注:"今俗作'抱',非是。抱与捊同。"可见《说文》认为"裒""抱"字义不同,而后世俗字中"裒"与"抱"同。"能无离乎",《景龙碑》《开元幢》、河上公本无"乎"字,而王弼本、《景福碑》及《淮南子》引文中有此"乎"字。以下六"乎"字皆同。"专气致柔"中"致"字,傅奕本作"至",《淮南子》引文亦同。"能如婴儿乎",《景龙碑》《开元幢》中无"如"字,而傅奕本与《淮南子》引文中有之。现行王弼本脱此"如"字,但据其注文,可推测原文当有"如"字,故补之。《景福碑》中该句作"能如孾儿乎"。"爱民治国"中"民"字,《景龙碑》作"人"字,当为避唐讳所致。"无以为乎",傅奕本作"无以知乎","明白四达"之下"能无以知乎"作"无以为乎"。《景福碑》与傅奕本顺序相同,但"知""为"前无"以"字。《景龙碑》与《开元幢》作"无为""无知"。现行王弼本与《景福碑》完全相同,但据其注文推测,原文当有"以"字。且陆氏《释文》中"以知乎"三字出于"开阖"之后,由此可旁证王弼本此处原貌当与今所改订相同。《淮南子·道应训》所引此章内容,也同于今所改定。"能为雌乎"中"为"字于现行王弼本中作"无"字,但从注文内容推测,原文当作"为"字。现行王弼本、河上公本以外诸本,均与上文改订后相同。

（二）内容诸本均同。《释文》称河上公本"恃"作
"侍"，但现行河上公本仍作"恃"。

以上内容，河上公本中命名为"能为章"。（一）与（二）
句法不同，文义也不连贯。且第五十二章中部分内容与（二）
几乎完全相同。此处仅解释（一）。

《庄子·庚桑楚篇》记载南荣趎向老子询问"卫生之经"
一事。老子的回答如下：

> 老子曰："卫生之经，能抱一乎！能勿失乎！能无
> 卜筮而知吉凶乎！能止乎！能已乎！能舍诸人而求诸己
> 乎！能翛然乎！能侗然乎！能儿子乎！儿子终日嗥而嗌
> 不嗄，和之至也；终日握而手不掜，共其德也；终日视
> 而目不瞚，偏不在外也。行不知所之，居不知所为，与
> 物委蛇而同其波，是卫生之经已！"

以上一段，主旨在于"抱一""勿失"与"能儿子乎"等事。
其他部分为解释其心境。《庄子》此处"抱一""勿失"与《老
子》此章"抱一""无离"相当，"能儿子乎"与"能如婴儿乎"
相当。可推测《庄子》此文与本章章首二条应当源于同一训言，

后敷演成不同二文。如果此推测成立，则本章章首二条所述即为所谓"卫生之道"。

本章中最难理解部分为章首"载营魄"三字。唐玄宗注也曾困于此三字，最终将"载"字改为"哉"，并将该字移至前章末尾。后世注释家也多左祖玄宗。但《淮南子·道应训》引文、《群书治要·老子》以及《景福碑》等，均显示前章以"也"字结尾，而不用"哉"字。且《楚辞·远游篇》有"载营魄而登霞兮"一句，由此可知秦汉以来"载"字便不可与"营魄"分开解释。将其分为二节，乃玄宗首创。因此，此处不可取玄宗注。日本儒者中井履轩则主张"营"字为衍文，将"载魄抱一"视作一句。但《楚辞》已有"载营魄"一词，扬雄《法言》中亦有"荧魄"一词。因此，履轩的解释也难以使人信服。查找古代"魂魄"二字用例，可见"魂"表精神，"魄"表形体，因此此章中"魄"字也当为形体之意。"营"字与"荧"或"荣"字通用。《素问》认为"荣"或"营"或指水谷之精气，或主血阴气，或可显示血色健康。由此可推测，"营"字意指人的精气。《淮南子·俶真训》记载"夫人之事其神而娆其精营，慧然而有求于外，此皆失其神明而离其宅也"。比较该文与《老子》本章，可见《老子》所载"营魄"即为"营魄"之气，意指形体。《庄子·在宥篇》有"抱神以静，无劳女形，无舍女精，乃可以长生"一文，与《老子》此章对比，可见"抱神以静"与"抱一"相当，"无劳女形，无舍女精"与"载营魄"相当。此处"载营魄"为保持精气，不使其散尽，且不劳形体之意。"载"字为使之安定、宁静之意。也就是说，此一条意为，不要过度劳用身体，消耗精力，宁静守神，使"神明"不离于形体。"专气"，《列子·天瑞篇》云"在其婴孩，气专志一，和之至也"，《淮南子·精神训》云"夫血气能专于五脏而不外越，则胸腹充而嗜欲省也"。由此可见"专气"意指去嗜欲之念、制喜怒之情。"致柔"，指舍弃竞争之心。婴儿少嗜欲，无竞争之念，故称"专气致柔，能如婴儿乎"。

"涤除玄览"，王弼注解释为"涤除邪饰，以至极览"。但"邪饰"之意，不含于此四字中。河上公注认为"玄览"为"心"，将此句解释为洗涤心灵使之洁净。河上公解"玄览"为心，其理由为"心"居玄冥之处，可览知万物，故谓之玄览。《淮南子·修务训》有"执玄鉴于心，而化驰若神"[1]，且注文称"鉴"即为"镜"。此处以镜喻心，而"鉴"字与"监"相通，"监"又与"览"字同义，故可通用。由此可见，"玄览"与"玄鉴"

---

[1] 此处前一句"执玄鉴于心"确实出自《修务训》，但后接"照物明白"四字。后一句"而化驰若神"出自《原道训》，全句为"执玄德于心，而化驰若神"。恐为作者混淆。——译注

相通，均指心。因此，河上公注所论得当。此条大意为：洗涤心镜尘垢，使心镜纯洁无瑕。

"爱民治国，能无以为乎"，此句阐述为政之用心，与第五十七章"我无为而民自化"意同。河上公本与现行王弼本均将"为"字作"知"字，教人以愚民政治，与老子思想相差甚远，当为法家思想。

"天门"，《庄子》所载"天门"有两种含义。《庚桑楚篇》云："天门者，无有也。万物出乎无有。"此处"天门"与"玄牝之门"或"众妙之门"意同，指宇宙现象生生之源。而《天运篇》云："其心以为不然者，天门弗开矣。"此处"天门"指精神作用之源，即心也。此章"天门开阖"之意与后者同，指"心"之作用的兴起、止息。此条之意为，心在思考诸事之时，嗜欲喜怒之情兴起，此时应当使心常如雌牝，柔弱安静。与第二十八章"知其雄，守其雌，为天下溪"意同。

"明白四达"，指洞察事理，直至畅通无碍。《荀子·宥坐篇》所引孔子之言"聪明圣知，守之以愚"，与此条之意相同。

第十一章

（一）三十辐共一毂，当其无有，车之用。埏埴以为器，当其无有，器之用。凿户牖以为室，当其无有，室之用。（二）故有之以为利，无之以为用。

【考异】（一）"三十"，《广明幢》中作"卅"。"埏"，《景龙碑》《景福碑》作"埏"。陆德明《释文》、《开元幢》作"挺"。"挺"为地之八挺，或墓道之意，故此处当作"挺"。但唐代以后二字混用。（二）《景福碑》无句首"故"字。

以上河上公本命名为"无用章"。本章中"当其无有□之用"等数句，王弼本与河上公本句读不同。王弼本在"无"字后断句，将"有"字归于后句，读为"当其无，有□之用"。河上公本"有"属上句，读作"当其无，有车之用"。这两种读法哪一种更为得当呢？（二）以"有之以为利，无之以为用"结尾，从此处分析，似乎王弼本更为得当。但《周礼·轮人篇》，郑玄注"毂以无有为用也"，贾公彦疏引河上公注曰"无有谓空虚"，可见河上公读法与东汉大儒郑玄相同，因此河上公读法也不容忽视。查此章用韵，可见"辐""有""用"，"埴""有""用"，"牖""有""用"数字押韵，可见"有"属上句为当。《老子》文例中，"有"与"无有"，

"有"与"无",均可对用。此章中（二）"有之以为利，无之以为用"，以及第四十章"天下万物生于有，有生于无"，均为"有""无"对用之例。第四十三章"无有入于有间"，此处"有"与"无有"对用，《庄子·齐物论》中"以无有为有"，《庚桑楚》中"万物出乎无有"，均为"有"与"无有"对用之例。此章（一）若在"无有"后断句，则与（二）"有""无"对用之例相反。（一）为韵文，而（二）不用韵，由此推测，（一）与（二）并非出自同一人之手。（二）为解释（一）内容之文。郑玄、河上公将"有无"连读，恐为（二）窜入经文前，古来相传之读法。王弼在"无"字后断句，所据版本中当已添加有（二）内容。

集三十本辐为一毂，以制车轮。车轮之毂中空，因此得以回转。和黏土以制器，器也因中空，才得以容物。凿窗以建屋，因室内中空才有室之用。由此可见"利"均起于"无"之用。

第十二章

（一）五色令人目盲，五音令人耳聋，五味令人口爽，驰骋田猎令人发狂，难得之货令人行妨。（二）是以圣人为腹，不为目，故去彼取此。

【考异】此章诸本均同。

以上河上公本命名为"检欲章"。据其句法，可分为三节。

（一）"盲""聋""爽""妨"字押韵，当为古道家者言无误。但《庄子·天地篇》与《淮南子·精神训》中均有与本节相似内容，且二文均不被视作老子之言。因此此一节是否出自老子之口，尚不明确。试比较《庄子》与《淮南子》之文如下：

《庄子·天地篇》	《淮南子·精神训》
且夫失性有五：	
一曰五色乱目，使目不明。	五色乱目，使目不明。
二曰五声乱耳，使耳不聪。	五声哗耳，使耳不聪。
三曰五臭薰鼻，困惾中颡。	
四曰五味浊口，使口厉爽。	五味乱口，使口爽伤。
五曰趣舍滑心，使性飞扬。	趣舍滑心，使行飞扬。
此五者皆性之害也。	此四者，天下之所养性也，然皆人累也。

此二文与《老子》本章并不完全一致，但其思想与文章构造与之酷似。尤其是初二句，三者均讲述声色过度使人目盲耳聋。第三句"五味令人口爽"中"爽"字，《庄子》中作

"厉爽"，《淮南子》中作"爽伤"，可见"爽"字或指口之病，但此处字义尚不明确。"驰骋田猎"一条与"趣舍滑心"相当，指人生适意之乐事，反使人心乱。以上四条为《老》《庄》《淮南》共通之处。但最后一条"难得之货令人行妨"一条，仅见于《老子》。"行妨"意为行之则生妨碍，与《左传》中"小人怀璧，不可以越乡"之意相同。

（二）腹可容纳外物，而目随外物而动。因此所谓"为腹"意指充实其腹，而守其气。而"不为目"，指不为嗜欲外诱所迷。

（三）"故去彼取此"，"彼"指"五色"以下三十余字，"此"指"为腹不为目"五字。

第十三章

（一）宠辱若惊，贵大患若身。（二）何谓宠辱若惊？宠为上，辱为下，得之若惊，失之若惊，是谓宠辱若惊。何谓贵大患若身？吾所以有大患者，为吾有身，及吾无身，吾有何患！（三）故贵以身为天下，乃可以托天下；爱以身为天下，乃可以寄天下。

【考异】（二）"何谓宠辱若惊"一句，陆德明《释文》称河上公本缺"若惊"二字。《景龙碑》《景福碑》均无此二字，或许即源自河上公本。"宠为上，辱为下"六字，《景龙碑》中仅存"辱为下"三字，《景福碑》中六字均有。明世德堂刊河上公本与《景龙碑》一致，但日本所传旧钞河上公本与《景福碑》相同。精读注文，则可见河上公本原貌一定与《景福碑》及日本所传河上公本相同。傅奕本与王弼本作"宠为下"，但《释文》中未注王本与河上公本二本差异。将此事与王弼注文合并分析，可见王弼本原本也一定作"宠为上，辱为下"。"大患者"，《景龙碑》中无"者"字。"为吾有身，及吾无身"，《景龙碑》中两"吾"字作"我"。"何患"之下《景福碑》及河上公本有"乎"字。

（三）"贵以身为天下"，《景龙碑》作"贵身于天下"。"乃可以托天下"，《景龙碑》作"若可以托天下"，景福碑作"则可以寄天下"。《淮南子》引文中"乃"字作"焉"。"焉"字，也可理解为"乃""则"之意。现行王弼本作"若可寄天下"，但与注文不合，故改之。"爱以身"云云一句，由上一句即可知此句诸本之异同。

　　河上公本中此章题作"厌耻章"，但与文义不符。此章宗旨在第三节。（一）古来注释家将此二句理解为并列关系，但此章之本义中，第二句当是第一句的原因或理由。此二句当理解为，因贵大患若身，故而宠辱若惊。"若惊"二字，《楚语》有云"阖闾闻一善若惊，得一善若赏"，此处"若惊"与本章相同，意指战战兢兢、忐忑不安之貌。也就是说，世人在面对宠荣、屈辱之时，往往忐忑不安，无法以平常心处之，其原因即在于"贵大患"。所谓大患，即指名誉财货。如第四十四章所述"名与身孰亲，身与货孰贵"，比起我身，世人往往更重视名誉财货，从而招致种种祸患。过于重视名誉财货，从而汲汲于宠辱之间。

（二）名誉与财货，是在有身之后才能拥有之物，无身则无所谓名誉与财货。幸福或祸患并不会伴随名誉财货而至。能理解身体最为重要之人，才是真正的智者。

（三）比起治理天下更重视治理自己的身体，能如此爱惜自身之人，方能寄托以天下之政。

此章之中最重要部分为最后一节。此一节亦可见于《庄子·在宥篇》之中，其文如下：

> 故君子不得已而临莅天下，莫若无为。无为也，而后安其性命之情。故贵以身于为天下，则可以托天下；爱以身于为天下，则可以寄天下。

两"身"字之下有"于"字，与《景龙碑》一致，其表意更为明了。此论是否为老子学说之本来面目，仍可存疑。杨朱主张"拔一毛而利天下，不为也"。此章思想即近于杨朱之说。由此推测，此一章或许传诵于杨朱学徒之间。

第十四章

（一）视之不见，名曰夷；听之不闻，名曰希；搏之不得，名曰微。此三者不可致诘，故混而为一。（二）其上不皦，其下不昧，绳绳不可名，复归于无物，是谓无状之状，无物之象。是谓惚恍。（三）迎之不见其首，随之不见其后。执古之道以御今之有，能知古始，是谓道纪。

【考异】"其下不昧"，《景龙碑》"其"字作"在"。"绳绳"之下《景福碑》有"兮"字。"是谓惚恍"，《景龙碑》《景福碑》《开元幢》作"忽恍"，世德堂本"谓"字作"为"，焦氏《考异》所引《龙兴碑》无此四字。《景龙碑》中"迎之""随之"无二"之"字，"以御"中"御"字作"语"，"能知"作"以知"，"道纪"作"道己"。

　　河上公本此章名为"玄赞章"，章名大致与内容相符。但玩味全章，可将其大致分为三节，且三节重复阐述同一内容。

　　（一）《列子·天瑞篇》为阐述现象生成之过程，提出了"太易""太初""太始""太素"四个概念。"太初"为气之始，"太始"为形之始，"太素"为质之始。而"太易"存于气形质皆具，尚未分离的状态中，故又称之为"浑沦"。（浑沦与混沌同义。）"浑沦"之为物，视之不见，听之不闻，不可循而得之，故称之为"易"。《老子》本章章首一段，与《列子》中解释"太易"之文酷似。"视之不见，名曰夷"中"夷"字与"太易"之"易"字同义。古代"夷"与"易"同音，因此往往通用。《列子》称"易无形埒"，即"夷"或"易"为人眼不可见之物，也就是超越视觉之物。"听之不闻，名曰希"中"希"字，与第四十一章"大音希声"、第二十三章"希言自然"之"希"字相同，均指超越听觉。"搏之不得，名曰微"中"微"字为微细之意，指超越人类触觉之物。老子之"道"为超越视觉、听觉、触觉的存在，因此兼具"夷""希""微"三属性于一身，由此称"此三者不可致诘，故混而为一"。"致诘"为推究之意，"故"为"固"字假借，意指"夷""希""微"三属性原本便混然为一。

　　（二）如上所述，"道"为超越人类感觉知识之存在，因此"道"之为物究竟为何，尚不能明了。但无可否认的是，由"道"所生出的诸多现象，早已呈现在我们眼前。因此，又称"其上不皦，其下不昧"。"其上"指现象之根本，即"道"，"其下"指现象本身。此二句与《庄子·齐物论》中"可形已信而不见其形"（所展现之处可信，但不可见其形）意同，均指本体超越于认识，而由本体所生的现象则历历在目。"绳绳"形容万物生生不已之貌。也就是说，现象之生生绵绵，延续不已，但其本体为超越认识之物，故不可用言语表述，勉强言表之，则只能称其为"无物"。因此，称"绳绳不可名，复归于无物"。但所谓"无物"，并非不存在"物"，因此又称"无状之状，无物之象"。所谓"无状之状"意指超越人类感觉之状，"无物之象"指超越人类知识的概念。《韩非子·解老篇》中巧妙地解释其内容，称象乃出产于南方的巨兽，中国几乎无人见过活着的象。只能从象的骸骨及画像中想象活着的大象的样子。这种被人们构造、想象出的概念，即被称作"象"。与之相似，"道"也为不可见闻之物，人只能认知由"道"而生的种种现象。因此，人们面对着种种现象，尝试着去描述道的形状时，称其为"无状之状，无物之象"。"是谓惚恍"，表达对前二句的肯定之意。

（三）指"道"在时间上为恒久之物。"迎之不见其首"表其过去无限，"随之不见其后"表将来也无限。"执古之道以御今之有"，"执"为把握之意，"御"为"语"字假借，意指欲把握"道"之本来面目，须从今之"有"，即现象，回溯其"古始"（本源）。此为理解"道"时须掌握的要领。

以上一章中，第一节"夷""希""微"押韵，其后转韵，以"诘""一"押韵。第二节"昧""物"韵，"状""象""恍"别成一韵。第三节"首""后"一韵，"道""有""始""纪"一韵。全章皆为韵文，为老子《五千言》中出色文字。

第十五章

（一）古之善为士者，微妙玄通，深不可识。［夫唯不可识，］故强为之容。豫兮若冬涉川，犹兮若畏四邻，俨兮其若客，涣兮若冰之将释，敦兮其若朴，旷兮其若谷，混兮其若浊。（二）孰能浊以静之徐清？孰能安以动之徐生？［（三）保此道者不欲盈，夫唯不盈，故能蔽不新成。］

【考异】（一）"为士者"中"士"字，傅奕本作"道"，诸本皆作"士"。但河上公本注此字称"谓得道之君也"，王弼注称"上德之人"云云，由此推测，河上公本与王弼本均当作"士"。"豫兮"，河上公本作"与兮"。"豫"与"与"音同，故常通用。"兮"字，现行王弼本仅在此处作"焉"，恐为误字。《景龙碑》《开元幢》此章中皆无"兮"字，且无"兮"字下"其"字。"若客"，现行王弼本作"若容"。"客"与"容"形似，由此产生误字。"冰之将释",《景龙碑》无"之"字。"旷兮其若谷，混兮其若浊"二句，《景龙碑》作"混若浊旷若谷"。《景福碑》此句顺序与《景龙碑》同，但有"兮""其"字。（二）"孰能浊以静之徐清"，傅奕本作"孰能浊以澄靖之而徐清"，《广明幢》作"孰能浊以止静之徐清"。"安以动之徐生"，傅奕本作"安以久动之徐生"，《广明幢》作"以久动之以□□"。《广明幢》所记原为河上公本旧式，由王弼注文可见，王本原文当如上文所记，现行王弼本"动"字上有"久"字，乃据河上公本改易所致。《景龙碑》与王弼本同，但"安"字上无"孰能"二字。

河上公本此章名为"显德篇"。前文已有所论述，此处第三节与此章前后文不相连贯，当移至第九章中。

（一）初二句，意指古代明君之德微妙深远，故不可名状。勉强形容其德，则如后文所记。

"豫兮若冬涉川"，此句"豫"字与后一句中"犹"字，合为"犹豫"一词。"犹豫"与"狐疑"并用，形容难以决断之状。据前人解释，"犹"是一种犬，该犬与主人外出时往往先走，又返回寻找主人。借此往而复返、心意不定之貌表"犹豫"之意。又一说称，"犹"为攀木之兽，能作人声。因其攀缘树木上下不定，而成"犹豫"一词。此二说均属牵强附会。查其用例，可见"犹豫"或写作"犹与"，或写作"容与"。此外，如此章中"犹""豫"二字分离的用例也有不少。可见"犹""豫"发音相近,且仅用其中一字,也足以表达迟疑之意。因此,"犹兮""豫兮"表难以决断之貌,冬季时河流寒冷,究竟要不要渡河,令人难以决断。故称"豫兮若冬涉川"。表古代明君戒躁进之意。

"犹兮若畏四邻",借被四邻侵攻时,君主茫然不知何从之貌,表达古代圣王不轻易炫耀、表现才能。

"俨兮其若容",言整肃威仪,不轻举妄动。"涣兮若冰之将释",言万事均不执着。"敦兮其若朴",言质朴无装饰。"旷兮其若谷",言心胸宽阔,并吞清浊之气象。溪谷接纳众流,有如此雅量者,一见之下往往近于浊流,以此又称"混兮其若浊"。

(二)水在浑浊之时,只需静置片刻,便自然清澈。但唯有具微妙玄通之德的君主,才能使万物宁静,从而澄清万物。所谓使万物宁静,并非阻止一切活动,而是使其平稳运动,从而不损害"道"的生生作用。此事唯有具微妙玄通之德的人才能做到。

以上(一)(二)节,"通""容"隔句成韵,"川""邻"一韵,"客""释""朴""谷""浊"一韵,"清""生"一韵。此二节之文颇具古风。但(三)与前文意义不连,当为错简。

第十六章

（一）致虚极，守静笃，万物并作，吾以观其复。（二）夫物芸芸，各归其根。归根曰静，静谓复命。复命曰常，知常曰明。不知常妄作凶，知常容，容乃公，公乃王（生），王乃天，天乃道，道乃久，没身不殆。

【考异】（一）"致"，河上公本作"至"。"静"，傅奕本作"靖"，以下皆同。"其复"，现行王弼本无"其"字，但据王弼注文可见其原本当有"其"字。《淮南子·道应训》引文、《景龙碑》、敦煌本、《开元幢》、河上公本、傅奕本均有"其"字。（二）"夫物"，傅奕本作"凡物"。"芸芸"，傅奕本作"蕓蕓"，《景龙碑》、敦煌本作"云云"。《庄子·在宥篇》也有"万物云云"一词。"各归"二字之间，现行王弼本有"复"字，当为衍文。"静为复命"中"静"字，王弼本作"是"，恐有误。"妄作"，《景龙碑》、敦煌本作"忘作"。"妄"或"忘"，为"盲"字假借。"容乃公"中"乃"字，《景龙碑》、敦煌本作"能"，字义相同。"公乃王"中"王"字，敦煌本与焦弱侯所引碑本作"生"。从用韵推测，作"牛"更为恰当，但河上公本、王弼本原本或作"王"字。

此章河上公本命名为"归根章"。全章旨趣并不在"归根"，而在于"守静"之事。

（一）"致虚极，守静笃"二句，意指"守静"的方法中，以"致虚"最为有效。当理解为：致虚到极点，才能坚实守静。所谓"致虚"，指除却私欲，无欲方可以心静不乱。先"致虚"才可以进于"守静"。那么，老子为何如此重视"守静"呢？那是因为"万物并作，吾以观其复"。此处"吾"为老子自称，老子认为宇宙间万物生生变化不息，但终将复归于静，人与外物为一体，因此人也将终归于静。因此老子教人以"守静"之事。

（二）承接上文"万物并作"，以归静之言，加以详细说明。

"夫物芸芸，各归其根"，"芸"为香草之名，用于表述草木繁盛之貌。此处"芸芸"即为前文"万物并作"之意。此处特意避开"作"字，而称"芸芸"，是为了与后一句"归其根"中"根"字相对，二字均与草木相关。河上公本注"芸芸"曰"花叶盛也"，注"各归其根"为"言万物无不枯落，各复反其根而更生也"。河上公注解释此二句极为恰当。一说"芸芸"与"云云"意义相同，"云云"为运转之意，指万物生生、壮大、衰老直至枯死的发展过程。此说亦通，但此处与后文"根"字相对，因此正字当为"芸芸"，"云云"为假借。此处以河上公注最为得当。"归根曰静"中"静"为"动"字对语，道家主张现象界中万物均运动不息，但道为静止之物。《庄子·天道篇》中主张，虚静恬淡，寂漠无为者，为万物之本。《韩非子·杨权篇》云："虚静无为，道之情也。"《淮南子·原道训》认为人生而静，皆是道家者流的观点，是把"静"作为道之属性的证据。《淮南子·原道训》又说人生而静是"天之性也"，这就是说从道现出的人类本性也是"静"。既以"静"为道之属性，由道所赋命的人之本性也是静，那么人避动守静就是顺其赋命，故而此章称"静谓复命"。此外，对于"道"而言，万物归静是道对万物的赋命，也就是命令。对万物而言，归静是不可逃避的宿命。既然是宿命，也就是说，不存在昨日可行而今日不行，或是甲物可行而乙物不行的例外。因此，复命归静为超越地域，无限运行的普遍恒久之道。故称"复命曰常"。知此常道者为真正聪明之士，与之相反，不知此常道而盲动者为不吉。故称"知常曰明，不知常妄作凶"。"妄作"中"妄"字与上一句中"明"字相对，当为"盲"字假借。

"知常容"以下内容叙述"知常道"之效。所谓"常"者，为万物普遍之法则，无物不被包含于此法则之中，因此该法则至为公平。故称"知常容，容乃公"。"公乃王，王乃天"中二"王"字，旧说将其解释为归往之意，颇有牵强之嫌。此句上下文皆为韵文，独此二句无韵，甚为可疑。敦煌本中"王"字作"生"。如此处作"生"，则"生"与"天"谐韵，可见"王"字当为"生"字之误。"道"生成万物，顺常道守静，可助成

万物之生生。因此曰"公乃生，生乃天，天乃道"。道为恒久
之物，故称"道乃久，没身不殆"。

此章中"极""笃""作""复"一韵，"芸""根"一韵，"静""命"
一韵，"常""明"一韵，"凶""容""公"一韵，"生""天"
一韵，全章均为韵文，当属《老子》五千言中年代较早部分。
以思想而言，"贵虚"为列子中心思想，"贵清"为关尹根本主张。
列子、关尹与老子主张大致相同，因此此章就算不出自老子
本人，也属于与老子相近之思想。

此章中所述"复命"之事，尤为值得注意。"命"即为天命，
以人而言，则为性。《庄子·缮性篇》汲此复命之流，述复性
复命之说。而《庄子》"复性说"与宋儒性理之学关系极深。

第十七章

（一）太上，下知有之。其次，亲而誉之。其次，畏
之。其次，侮之。〔（二）信不足，焉有不信焉。悠兮其贵言。功成事
遂，百姓皆谓我自然。〕

【考异】（一）"下知"中"下"字，吴澄本作"不"字，
焦氏从吴本，但唐碑皆作"下"，《韩非子·难三》亦作"下

智有之"。吴澄本此处当为误谬。"亲而誉之",河上公本"而"字作"之",《开元碑》《景福碑》亦同,《景龙碑》作"亲之豫之"。"豫"与"誉"古字相通。傅奕本"亲之"下有"其次"二字。"其次,侮之",《景龙碑》《开元幢》"侮之"上方无"其次"二字。(二)"焉有不信焉",《景龙碑》《开元幢》无两"焉"字,现行河上公本、《景福碑》句末无"焉"字,王弼本有两"焉"字。"悠兮",河上公本、《景福碑》作"犹兮",傅奕本亦作"犹兮"且句末有"哉"字。敦煌本《开元幢》仅作"犹",无"兮"字。《景龙碑》作"由",且无"兮"字。"悠""犹""由"古字相通。"功成事遂",《景龙碑》作"成功事遂",敦煌本作"成功遂事"。"谓我自然",傅奕本作"曰我不然",非是。

此章河上公本命名为"淳风章"。

(一)"太上"之意有二说。一说称其意为太古之世,郑玄《礼记注》及此章河上公注均从此说。又一说称其意为最上之君主,此章王弼注即从此说。慎到《民杂篇》称"大君者,仅太上也"。《韩非子·难三》解此句曰:"'太上,下智有之。'此言太上之下民无说也,安取怀惠之民?上君之民无利害,说以'悦近来远',亦可舍己。"由此可见,王弼之说似为得当。也就是说,此句之意为,明君无为而化,民仅知有君,而不认为君主有德。"其次,亲而誉之",意指君主施惠于民,民众亲近、赞誉君主。但比之"太上",仍属次一等。"其次,畏之",意指以刑法治民而不以德,民众畏惧君主,此为第三等。民众畏服刑罚之时,其政尚可。若民智渐开,思考免于刑罚的方法,以至于轻侮君主,则为最坏之政治。

(二)"信不足,焉有不信"中"焉"与"则"同义。此二句上承"其次,侮之",指民众轻侮君主,源于君主信诚不足,因此不被信赖。"悠兮其贵言",据林希逸《老子鬳斋口义》所述,此句承接上两句,表达既已不被民众信赖,又不加以重视,仅推崇言语号令,轻出诏令以教民。但此处玄宗注将"言"字释为"德教之言",将此句解释为民众亲近、赞誉君主,是因为德教尚存。而河上公注将此句与后两句相连,解释为太上之政重视言辞,因此不轻出政令。"功成事遂"云云数句,注释家均释其内容为述太上之政,太上之政重不言之教,因此不频发号令,无为自化,以致人民不知君上之德,以为自然如此。

本章第一节贬斥儒家德治主义与法家法治主义,主张无为之治,此说当形成于儒、法两家兴盛之后,因此恐非老子之言。历来注释家均认为,第二节承接第一节之文。但我不能首肯此论。其上"信不足,焉有不信焉"一句亦可见于第二十三章末尾,此章中"悠兮"以下数句若移至第二十三章中,似乎更为得当。

第十八章

（一）大道废，有仁义；智慧出，有大伪。六亲不和，有孝慈；国家昏乱，有忠臣。

【考异】《景龙碑》"仁"字作"人"，"慧"字作"惠"，"慈"字作"子"，恐为非。敦煌本、《开元幢》与前文所记相同。河上公本、《广明幢》每句"有"字之上有"焉"字。傅奕本上二句有"焉"字，而下二句无，"忠"字作"贞"。

第十九章

（一）绝圣弃智，民利百倍；绝仁弃义，民复孝慈；绝巧弃利，盗贼无有。（二）此三者，以为文不足，故令有所属，（三）见素抱朴，少私寡欲。「绝学无忧。」

【考异】《景龙碑》"仁"字作"民"，为避唐讳故。"此三者"下无"以"字。敦煌本与《景龙碑》同，但"三者"作"三言"。傅奕本"智"字作"知"。

以上第十八、十九章，河上公本将第十八章命名为"俗薄章"，将第十九章命名为"还淳章"。但从思想及文势上看，此二章当连为一章。元代吴澄所定版本将第十七章至第十九章连为一章，此论极有见地。第十七章与次二章所述思想当属同一派别。但第十七章不如此二章关系紧密，故今仅将此二章视为相连之文。第十九章末"绝学无忧"四字，现行本中被置于第二十章之首。但从句法、思想分析，此四字当为本章结句，故从姚姬传之说，将其移至此章。《庄子·天下篇》记载，慎到主张"弃知去己""笑天下之尚贤""非天下之大圣"。《荀子·解蔽篇》杨倞注记载，慎到之所以排斥圣贤，源于其重法，法令昌明，则天下无贤人也可大治。该主张与此二章之意完全一致。可见此二章当并非老聃之言，而属慎到之说。且（一）末句与《意林》所引慎到之语一致，可明证推测无误。

上二章大意如下：（一）儒家推崇仁义，但大道废弛，方有仁义之教，故仁义并非完全之教。儒家之徒崇尚圣知，但人类智慧既出，才有相欺相诈之事。因此智慧不值得崇尚，反而应当诅咒之。儒家讲述忠孝，但忠孝显现于国家动乱、家庭不合之时，因此世上出现忠孝之德，反是不祥之事。无忠无孝，国家安泰，才更值得期待。（二）断绝圣知，则民利可增长百倍。舍弃仁义复归自然，则可行孝慈。弃绝智巧，则盗贼不起。（三）圣知、仁义、巧利均非必要之物。仅因法律，也就是"文"有所不足，才有必要使用此三者。"文不足"中"文"，即《荀子·非十二子》中所述慎到"终日言成文典"中的"文典"。"文典"，即法典之意。若法典完备，便不需圣知、仁义、巧利之事。（四）故治世之人教人舍弃仁义，使民众归于素朴，断绝巧利，引导民众安于少私寡欲，弃绝圣知，而不担忧其学断绝。

第二十章

　　（一）唯之与阿，相去几何？善之与恶，相去何若？人之所畏，不可不畏。荒兮其未央哉！（二）众人熙熙，如亨太牢，如春登台。我独廓兮其未兆，如婴儿之未咳。儽儽兮若无所归。众人皆有余，而我独若遗。我愚人之心也哉！沌沌兮！（三）俗人昭昭，我独昏昏；俗人察察，我独闷闷。澹兮其若海，飂兮若无所止。众人皆有以，而我独顽似鄙。我独异于人而贵食母。

　　【考异】（一）"何若"，现行王弼本"何若"二字颠倒，今据其注文内容改正之。"荒兮其未央哉"，《景龙碑》、敦煌本及《开元幢》无"兮"与"哉"字。"荒"字，《景龙碑》

作"忙",敦煌本作"莽",皆为"芒"字假借,"芒"字或作"汇",或作"茫",或作"煌",均指广远之貌。(二)"如亨",《释文》称河上公本作"飨",现行诸本均作"享",仅敦煌本作"亨","亨""享""飨"三字古义相同。"如春登台",坊刻本多作"如登春台"。毕沅认为,此为明代正统十年道藏本玄宗注以来之误。杜台卿《玉烛宝典》所引《老子》此处已有误,《文选》李善注亦有误。由注文可见,王弼本及河上公本此处并未误倒。唐碑作"皆春登台"。《景龙碑》、敦煌本此章"如"字均作"若"。"廓兮",《释文》云王弼本作"廓"而河上公本作"泊"。现行河上公本作"怕",而王弼本反作"泊"字。今本王弼注文中仍存有"廓"字,可见其旧本当作"廓"。《景龙碑》、敦煌本"廓"字作"魄",其下无"兮"字。盖"怕""泊""魄""廓"古音或同,故通用。"怕"为正字,其他三字为其假借字。"婴儿之未咳",《景龙碑》、敦煌本、《开元幢》"儿"字下无"之"字。《释文》:"'咳'一本作'孩'。""孩"为"咳"字古体。"儽儽兮",傅奕本作"儡儡兮","兮"字下有"其不足"三字。河上公本作"乘乘兮"。《景龙碑》、敦煌本、《开元幢》均与河上本同,但无"兮"字。"儽儽"为下垂之貌,转而形容疲劳之状。"儡儡"为其假借字,"乘乘"恐为"垂垂"之误。"而我独若遗",《景龙碑》、敦煌本、《开元幢》、傅奕本无"而"字。"心也哉",《景龙碑》、敦煌本、《开元幢》无"也哉"二字。"沌

沌兮"，《释文》称又作"忳"。《景龙碑》、敦煌本、《开元幢》
作"纯纯"。"沌""忳""纯"皆为"惷"字假借，指无智之貌。
（三）"昭昭"，《释文》："'昭'一本作'照'。"敦煌本作"照
照"。"照"为动词，而"昭"为副词，故此处作"昭"为当。
但晋人往往将"昭"写作"照"，如王羲之法帖均如此。敦煌
本作"昭"，恐为沿袭晋人遗风所致。"澹兮其若海"，河上
公本与《广明幢》"澹"字作"忽"，敦煌本、《开元幢》亦
同，但其下缺"兮其"二字。傅奕本作"淡兮"，《景龙碑》
作"淡"。《开元幢》"海"字作"晦"。"澹"为安静之貌，"淡"
为无味之意。此处"淡兮"为"澹"字假借，"晦"为"海"
字假借。"忽兮"为迷茫之貌，此处上作"忽"而下作"晦"
最为妥当。"飂兮若无所止"，河上公本、《景龙碑》"飂兮"
作"漂"，傅奕本作"飘"，《开元幢》、敦煌本作"寂"。据
《释文》所述，梁简文帝注本作"飘"，河上公本作"渊"，
但作"渊"之版本今已不可见。"止"字之上，现行王弼本
无"所"字，但据王弼注文，原本似有"所"字。"皆有以"，
《景龙碑》、敦煌本作"已"。"而我独顽似鄙"，《景龙碑》、
敦煌本无"而"字，傅奕本"似"字作"且"。"似"字与"以"
通用，"而"字又与"且"同义。"贵食母"，《开元幢》作"贵
求食于母"。此为玄宗所改定，故不足为据。

此章河上公本题为"异俗篇",大体符合其意。

(一)章首有"绝学无忧"四字,当移至上章之末。

"唯"与"阿"均为应答之语,但"唯"乃郑重之辞,"阿"则显无礼。使用郑重之辞或无礼之辞,相差几何呢?善与恶又相隔多远呢?原本世人所畏之事,我也不得不畏惧。但分别善恶之举如此繁杂,这不是无限的辛劳吗。我宁愿远离世俗自行其是。

(二)"熙熙"与"嬉嬉"同义。"享太牢"指贪恋美味之心。登春台使神气舒畅。"婴儿之未咳"指尚未发出嬉笑声的婴儿。世人嬉嬉,如同享用太牢的美味,又如游晏于春台之上,求嗜欲之乐。而我淡泊守静使欲念不发,像尚未嬉笑的婴儿一样,连应当去往何方都不知道。众人意欲充满胸膛,唯有我无为无欲,心境如同随时遗忘东西一样,我与愚者毫无分别吧。

(三)"昭昭""察察"指贤明聪慧。"昏昏""闷闷"均指盲目愚蠢。"有以"为多才多能之意。"顽似鄙"指不知变通,不华丽的状态。"食母"与乳母相同,此处意指饮天地之母的乳汁,表随顺自然之意。此外此处特意与前文"婴儿"形成对语。

俗人贤明聪慧,而我盲目愚蠢,像辽阔的海面一样静谧、安静、自由,好似行止不定。众人精明强干,唯有我短视、不知变通。我远离这样的世人,是因为我希望能拥抱自然的怀抱,饮用天地之母的乳汁。

此章（一）"阿""何"、"恶""若"、"畏""畏"、"荒""央"押韵。（二）"熙""台"、"孩""归""遗"押韵。（三）"昏""闷"、"止""以""鄙""母"押韵。文体似赋。

第二十一章

（一）孔德之容，惟道是从。道之为物，惟恍惟惚。恍兮惚兮，其中有物；惚兮恍兮，其中有象。窈兮冥兮，其中有精；其精甚真，其中有信。[（二）自今及古，其名不去，以阅众甫。吾何以知众甫之状哉？以此。]「（三）故美言可以市尊，美行可以加人。」以上十三字旧在第六十二章。

【考异】（一）"恍兮惚兮"以下四句，河上公本作"忽兮恍兮，其中有象；恍兮忽兮，其中有物"。《景龙碑》作"忽恍中有象，恍忽中有物"二句，敦煌本作"惚恍中有物，惚慌中有象"。现存王弼本与河上公本相似，但注文中有"故曰'恍兮惚兮，惚兮恍兮，其中有象也'"一句，可见王弼原本顺序当如上文所订正。敦煌本句法与《景龙碑》相同，但顺序与王弼本相同。俞樾认为，"惚兮恍兮"等二句当在"恍兮惚兮"以下二句之上。因此上文有"惟恍惟惚"一句，而后文以

"恍兮惚兮"承接。且从韵脚上看,"道之为物"以下四句以"物""惚""惚""物"为韵,直至"惚兮恍兮其中有象"则有变韵。据王弼注文可见其经文中"恍兮惚兮"等二句当置于前。我见敦煌本此处顺序后,愈觉俞樾之说可信。"悦""恍""慌"通用,"惚""忽"通用,"惟"字又作"唯"。"窈兮冥兮其中"六字,《景龙碑》、敦煌本均作"窈冥中"三字。

(二)"众甫"敦煌本作"终甫"。"众""终"二字古时通用,《诗经·周颂·振鹭》中有"永终誉"三字,而《汉书·崔骃传》引此作"永众誉"。此为"众""终"通用之证。"状哉",河上公本《景龙碑》"状"字作"然",《广明幢》《景福碑》亦同,且"然"字之上无"之"字。

河上公本中,上文(一)(二)节题作"虚心",但第二节中"其名"二字与第一节不相连。《淮南子·道应训》云"老子曰:'窈兮冥兮,其中有精;其精甚真,其中有信。'故'美言可以市尊,美行可以加人'"。"故美言"等语在今本《老子》第六十二章中,但此二句于第六十二章中意义与上下文不相连。可以推测,汉时《老子》经文"其中有信"之下当有"美言""美行"二句。而第二节六句移至第二十五章更为恰当。经文将第一节与"美言"二句相连,并尝试解释其意。原本"美言"二句亦可见于《淮南子·人间训》,但《淮南子》中将其称为"君子曰",因此此二句究竟是老聃之言，还是后人敷演之语，尚不明了。

（一）"孔德之容，唯道是从"，意指大德者之行，完全顺从于"道"。"容"字为形容之意，但此处当为"搈"字假借，当解释为动作、行为。《孟子》中"动容周旋皆中礼"中"动容"即为"动搈"假借，意指举动，与此处相同。"道之为物"以下七句为解释孔德者所从之道究竟为何物。如第十四章所解释，道为视之不见、听之不闻、触之不觉之物，因此用"恍惚""窈冥"说明其存在。"恍惚""窈冥"均为不可觉知之意。虽称其为"恍惚""窈冥"，但并不意味着不存有一物。"道"具有超越人类认知的法象与精气，作为"一物"确切地存在着。其精气至为质实，在现象界中，"道"之精气为毫无伪诈之物。故称其为"其精甚真，其中有信"。例如柳绿花红繁茂于春而衰败于秋，这一季节现象从无差错，此即为其精气之诚信。

（三）孔德者之行学于"道"之诚信，自然被人信用。因此可以用美言得到他人的尊重，可以用美行得到别人的拥戴。

第二十二章

（一）曲则全，枉则正，窪则盈，蔽则新，（二）少则得，多则惑。是以圣人抱一，为天下式。（三）不自见故明，不自是故彰，不自伐故有功，不自矜故长。［（四）夫唯不争，故天下莫能与之争。古之所谓曲则全者，岂虚言哉！（五）诚全而归之。］

【考异】（一）"枉则正"中"正"字诸本作"直"。唯有《淮南子·道应训》所引《老子》及傅奕本、《景龙碑》作"正"。第一节"正""盈""新"成韵，故此处当为"正"。但从注文内容推测，河上公本当作"直"无误，而王弼本或作"正"。"窪"字，道藏所收河上公本作"宑"，而据《释文》记载，顾欢本作"洿"。"宑"意为低凹之地，与"窪"同义。"洿"为浊水不流之意，即指湿地。此处无论作哪一字句义均不变。"蔽"字，《景龙碑》及河上公本作"弊"，傅奕本作"敝"。今从《释文》。

（二）"得""惑""式"押韵，第三句不用韵。"惑"字，《景龙碑》作"或"。"抱"字，傅奕本作"褒"。

（三）"明""彰""功""长"押韵。第二十四章中有与此处相同之文。

（四）"夫唯不争"中"争"字，道藏所收河上公本作"衿"。《老子》文例，"夫唯……"必承接前文某字。因此道藏本所记或为正，但从意义而言，此处也可以"争"字接续前文。

此章河上公本命名为"益谦章"，此章名足以尽本章之意。《庄子·天下篇》评老子，称"人皆求福，己独曲全"，恐取于此章之意。《庄子·山木篇》记载孔子困于陈蔡之时，有名为大公任之人吊之，曰："直木先伐，甘井先竭。子其意者饰知以惊愚，修身以明污，昭昭乎若揭日月而行，故不免也。昔吾闻之大成之人曰：'自伐者无功，功成者堕，名成者亏。'孰能去功与名而还与众人！"此处大公任之语，也由此章内容敷演而成。"直木先伐"与本章中"曲则全"言辞相反但意义一致。"自伐者无功"与本章中"不自伐故有功"同义。且成玄英《庄子疏》认为，此处"大成之人"即为老子，此论有理。

（一）"曲则全"，指树木扭曲则无用，反得以免于斧斤，以全天年。人亦如此，收敛才能，方可免于灾祸。"枉则正"，尺蠖弯曲是为了之后的伸展。一时的屈枉终有伸正之日。"洼则盈"，指地处卑下才可容纳众流，成为深渊。与之相似，以谦下为宗旨，才可积聚德行。"敝则新"，指忍耐敝恶，才能获得新鲜之物。

（二）"少则得，多则惑"二句承接上四句之意，指天道损满益谦，自居谦下，受少避多，则少惑。"圣人抱一"中"抱一"二字，与第十章中"抱一"相同，指以安静守神为宗旨。"为天下式"，指以"抱一"为宗旨，则受天下人尊敬。此四句中第二句"多则惑"中"惑"字与"知"字相对，故此章大意为不求多知，顺从自然所生之德。与《荀子·王霸篇》中"知者之知，固以多矣，有以守少，能无察乎"一句同义。

（三）叙述"抱一"之效，不自我展现、不自以为是、不自伐其功、不自夸其能，反而能自我彰显，并长久维持其功。

（四）老子之言应当终于第三节，第四节以下为后学赞叹老子之言。因此此节之末，有"古之所谓曲则全"云云。有学者认为第四节为老子之语，前三节以上为古时格言。但据前文所引《庄子·天下篇》及《山木篇》可见前三节之语确为老子之语无误。而此一节中将老子之语称为"古之所谓"，由此推测，此节当为老子后学所添加。此节意为，上文所述"明""彰""功""长"，其源头在于"曲则全"，由此可见古时所传"曲则全"一语真实无妄。

（五）"诚全而归之"，《大戴礼·曾子大孝》中有与之相似之语，曰："父母全而生之，子全而归之。"想来此五字为古人评语，后窜入经文，所谓曲全之教，即可归之为，身体受之于天地之母，不敢毁伤。

第二十三章

（一）希言自然。[（二）故飘风不终朝，骤雨不终日。孰为此者？天地。天地尚不能久，而况于人乎？故从事于道者同于道，得者同于得，失者同于失。同于道者，道亦乐得之；同于得者，得亦乐得之；同于失者,失亦乐得之。〕(三)信不足,焉有不信焉。「悠兮其贵言。功成事遂,百姓皆谓我自然。」以上十六字旧在第十七章。

【考异】(一)"希言",傅奕本作"稀言"。(二)《景龙碑》"飘风不终朝"之上无"故"字。"孰为此"之下无"者"字,"尚"字作"上","于人乎"末尾无"乎"字。"故从事于道者"中"于"字,《景龙碑》作"而"。河上公本、傅奕本中"道者"二字重复两次。但《淮南子·道应训》所引《老子》中"道者"并无重复。王弼注文曰:"从事于道者,以无为为君,不言为教,绵绵若存而物得其真。与道同体,故曰'同于道'。"可见王弼本原文当与《淮南子》引文相同。陆氏《释文》标出"道者于道"四字,其下注"河上'于道者'绝句"。清代卢文弨据此主张河上公本当作"故从事于道于道"。但今本河上本作"故从事于道者同于道",熟读河上公注文,则可见其原本当与卢文弨所述不同。据河上公注文之意,"故从事于道者"六字,承接上文"天地尚不能久,而况于人乎",因此河上公注将此句解释为"人为事当如道安静,不当如飘风骤雨也"。由此可见陆氏所标出"道者于道"四字当为"从事于道者"之物。因此,河上公本中"道者"二字当无重叠。要言之,王弼本与河上公本此处当有差异。但今本王弼本乃据河上公本校改而成。而《淮南子》所引之文,与王弼本原本一致,较之河上公本，王弼本经文更接近古时所传。"得者同于得"中"得"字，今本王弼本、河上公本均作"德"字。据注文可知，王弼本当作"得"，而河上本作"德"。此处与下句"失者同于失"之语相对，因此王弼本作"得"字为当。傅奕本"得者同于得"与"失者同于失"之上，有"从事于得者"与"从事于失者"二句，《景龙碑》无此四句。"道亦乐得之"以下三句，《景龙碑》中每句均无"亦乐"二字，且"得"字作"德"。且"失亦乐得之"之句，作"道失之"。傅奕本中每句之上无"同"字，句中仅无"乐"字。

（三）"信不足，焉有不信焉"，《景龙碑》中无二"焉"字，傅奕本、河上公本中仅无后一"焉"字。

（四）原在第十七章中，前文已详述其不同之处，此处略之。

此章河上公本题为"虚无章"，与章意不符。其中第二节之初"飘风""骤雨"之事，亦可见于《列子·说符篇》《吕氏春秋·慎大览》《淮南子·道应训》，且于以上典籍中均不被视作老子之语。同一节中，"道亦乐得之"等句与第三十一章"美之者是乐杀人"似乎出自同一人之手。且王弼已怀疑第三十一章并非老子所作。由此可推测此章第二节全为后人注释之语，后窜入经文，而并非老子之言。当然，此节中部分内容为《淮南子》所引，且被视作老子之语，可见该窜入之文形成年代极早。但《列子》《吕览》之时，此节仍尚未被视作老子之语。此章删去大部分内容，仅余始末二句。最末一句亦可见于第十七章中，且将十七章中该句后续内容移至此章中，则可见其词句与此章文义相连且与上文押韵。因此老子之语原貌当如上文所订正。

"希言自然"中"希"字，与"听之不闻，名曰希"中的"希"同义。此句中"自然"即为"道"，"道"默然不言，但化生万物，垂不言之教，"信不足，焉有不信焉"中前一"焉"字与"则"字相同，其意为，无论如何叙说，信不足之言终不被人所信任。"悠兮其贵言"，《开元幢》作"犹其贵言"，作此四字得当。意为：若所为乃无意义之事，那么无论如何耗费唇舌也属无用。与之相反，若不用耗费言语而所为之事自然功成，人们则将其称为"自然"。因此，此处称"功成事遂，百姓皆谓我自然"。

第二十四章

（一）企者不立，跨者不行，（二）自见者不明，自是者不彰，自伐者无功，自矜者不长。[（三）其于道也，曰余食赘行。物或恶之，故有道者不处。]

【考异】《景龙碑》中"不立"作"不久","跨"字半缺。"自见者"以下四句均无"者"字。"不处"之上也无"者"字。"其于道也"四字仅作"其在道"三字。"恶之"上方有"有"字。

（一）"企者不立"之上，《广明幢》有"喘者不久"四字，且"企"字作"跂"。《景龙碑》中"跨者不行"四字置于"企者不立"之前，且无"喘者不久"四字。从注文判断，王弼本当作"企者"，河上公本作"跂"。《释文》标出"企者"二字，且注之称"河上作'跂'"，"跂"字当为"跂"字之误。"企"与"跂"字义相同，均为举踵而立之意。

（三）"其于道也，曰余食赘行"中"于"字，现行王弼本与傅奕本均作"在"字，河上公本与唐碑均作"于"，但据注文推测，王弼本当作"于"，河上公本当作"在"字。"曰"字诸本皆同。但河上公注云"使此自矜伐之人，在治国之道，曰赋敛余禄食以为贪行"，可见河上公本当作"曰"，王弼本作"曰"。

此章河上公本题为"苦恩章"（古抄本中亦有作"善思章"），章题与内容不符。魏源《老子本义》承袭吴澄之分章，将此章与"希言自然"章连为一章，称前文"曲则全"章中述有道者之事，而此章中说与道相反之失。故"自见者"等四句存于以上两章之中，前章中表肯定义，而后章中表否定。而姚鼐《老子章义》将"曲则全"章至此章连为一章，二说均属谬误。此章第一节二句与第二节四句文法不同，因此此二节是否应当相连，仍可存疑。且第一节二句诸本经文均有不同，由此推测，此二句当为编简烂脱之余，而并非完整一节。若如《广明幢》所记，此二句上方原有"喘者不久"一句，则可推测"希言自然"一章中飘风骤雨一段或为解释此节之文。（二）四句以"明""彰""功""长"为韵，特别是"自伐者无功"一句，在《庄子·山木篇》中被引作"大成人"之语，故当为古道家之言。与之相反，（三）不用韵，尤其是"物或恶之，故有道者不处"二句，历来多被疑为伪作。此二句与第三十一章笔法一致，形成年代恐远晚于老子之时。

第二十五章

（一）有物混成，先天地生，宋兮寞兮，独立而不改，周行而不殆，可以为天下母。吾不知其名，故强字之曰道，强为之名曰大。大曰逝，逝曰远，远曰反。[（二）故道大，天大，地大，王亦大。域中有四大，而王居其一焉。人法地，地法天，天法道，道法自然。]「（三）自今及古，其名不去，以阅众甫。吾何以知众甫之状哉？以此。」以上二十三字旧在第二十一章。

【考异】（一）"宋兮寞兮"，河上公本作"寂兮寥兮"，现行王弼本与河上公本相同，傅奕本、范应元本作"宋兮寞兮"。范氏注文称其与王弼古本相同，由此可见范氏所见王弼本当如上文所订正。现行王弼本乃据河上公本改易。《景龙碑》与《次解》本作"寂漠"。"独立而"，现行王本中无"而"字，而河上公、傅奕本、范应元本均有此字，该句与后文"周行而不殆"相对，因此有"而"字更为得当。《景龙碑》中此两句均无"而"字。"故强字之曰道"，现行王本中无"故强"二字，而傅奕本、范应元本有之，范注称此处与王弼古本相同。《韩非子·解老篇》中也有"圣人观其玄虚，用其周行，强字之曰道"一句，《牟子理惑论》及《礼记·中庸疏》引文中也有"强"字，可见古王弼本与范应元本相同。《景龙碑》中此句下有"吾"字。"大曰逝"以下三句中"曰"字，吴汝纶定本中改作"日"，但诸本均作"曰"。"曰"字与"则"字之意相同。"远曰反"中"反"字，《景龙碑》与傅奕本作"返"，作"反"字得当。

（二）"故道大"一节，《景龙碑》中无节首"故"字、"王亦大"中"亦"字、"其一焉"中"焉"字，且"居"字作"处"。《淮南子·道应训》引文与今本大致相同，仅将"居"字作"处"。傅奕本中"王亦大"中"王"字作"人"，"焉"字作"尊"。"尊"字恐为"焉"字之误，但"王"字作"人"则与下文"人法地"等句相应，似为得当。《说文》为"大"字释"天大，地大，人亦大焉。象人形"。据小学家之说，"大"字表人张开双手双足站立之貌，故为人之意。吾人所见之物中"天""地"至大，万物之中以人最为尊贵，且人之貌即为"大"字，故以天、地、人为"大"。老子此节在小学家之说上，加上"道大"。因此，此处"王"字作"人"得当。但王弼本与河上公本此处均作"王"，此事确切无疑。

（三）中诸本异同，于第二十一章中已有详论，此处不再赘述。

此章河上公本中命名为"象玄章"，大致可分为二节。其中第一节为韵文，当为古来所传之文，第二节无韵，或为后世所添。且"天大地大"一句，若将其视为小学家之言，则可推测第二节或许为后世为解释第一节中"名曰大"中"大"字而添加，而并非《老子》之文。且从思想脉络上分析，也可见第一节与第二节不相连属，可见古来所传《老子》之文当终于第一节。以"远曰反"而终，稍显不足，此处或许应当与第二十一章末段相连。第二十一章末段于彼章中与上下文不相连属，移至此章中更显自然。

（一）"有物混成"，如前文第十四章所述，"道"兼具"夷""希""微"三属性，实存于"气""形""质"分离之前，故称之为"混成"。"先天地生"，与第四章"象帝之先"同义，指道为万物现象之根源。"寂寞",表无形无状之意,"道"为视之不见、听之不闻、触之不觉之物,故称之为"寂寞"。"寂"表无声,"寞"表无形。"独立而不改",指"道"之为物,与现象不同,是一种永久不变的实在。"周行而不殆",指"道"浸染于万物现象之中,具有普遍性,但与时刻生灭的现象不同,"道"为不朽之物。"可以为天下母",指万物生于"道",故称之为"母"。"道"为万物根源,因此无法用吾人之言语表述,勉强称呼之,只能称其为"道"或"大"。故称"吾不知其名,故强字之曰道,强为之名曰大"。为何要称其为"道"或"大"呢?是由于其为天地万物之源,包摄万物之现象,故称其为"大"。被称为"大"之物,无固定形态,日夜运行,生灭万物。换言之,如同行逝于道路,又复返之。因其运行不止如同人群通行于大道,故称之为"道"。

(三)"道"之实在,超越常人认知,无法用言语表述,称之为"道"或"大",均为暂定之名。但除此之外,并无更合适之名,故沿用此古来之名而不废止之。其存在统摄万物之现象。"众甫"与"众父"同义。《庄子·天地篇》即以"众父"为万物,以"众父之父"为万物之祖。因此,此处"众甫"即指万物,也就是世间所有现象。"阅"为统摄之意。有"道"之名,吾人才得以了解万物兴起之根源。故称"吾何以知众甫之状哉?以此"。

第二十六章

　　重为轻根，静为躁君。[是以圣人终日行，不离辎重。虽有荣观，宴处超然。奈何万乘之主而以身轻天下？] 轻则失本，躁则失君。

　　【考异】傅奕本"静"字作"靖"。河上公本、《开元幢》"圣人"作"君子"，"宴处"作"燕处"。傅奕本、《景龙碑》作"君子"，与河上公本相同，"晏处"与王弼本一致。"奈何"，傅奕本作"如之何"，《景龙碑》作"如何"，"主"字之下无"而"字。"轻天下"，河上公本、《景福碑》及《韩非子·喻老》中"轻"字之下有"于"字。"轻则失本"，河上公本中"本"字作"臣"。唐碑皆与河上公本同，傅奕本与王弼本一致。焦竑《老子翼》中"本"作"根"，且注曰："'失根'，一作'失本'，一作'失臣'，非。今从王辅嗣本。"可见焦竑所见王弼本作"根"，但从王弼注文推测，此处经文当作"本"。范应元所见王弼本亦作"本"。

　　此章河上公本题为"重德章"。其中仅有初二句及末尾二句可视为老子之言，中间数句，当为后人敷演而成。《韩非子·喻老》有一节解释此章，其文如下：

　　制在己曰重，不离位曰静。重则能使轻，静则能使躁。故曰："重为轻根，静为躁君。故曰'君子终日行不离辎重也'。"邦者，人君之辎重也。主父生传其邦，此离其辎重者也。故虽有代、云中之乐，超然已无赵矣。主父万乘之主而以身轻于天下，无势之谓轻，离位之谓躁，是以生幽而死。故曰"轻则失臣，躁则失君"。主父之谓也。

　　据此文可见，加点部分为老子之言，其他部分为《喻老篇》作者解释之词。但"君子终日行不离辎重"以上，亦有"故曰"二字，由此可推测此句似乎也为《老子》经文。但细读之下，则可见"曰"字当为衍文，"辎重"为"动静"之误，因此此句与"主父万乘之主而以身轻于天下"相同，也为《喻老篇》作者解释之词，而并非《老子》经文。可以推测，《喻老篇》作者所见《老子》经文仅有初二句与末二句。

　　若仅将始末四句视作《老子》经文，则此章之意为教人避轻躁、守重静而已。与第十六章"致虚极，守静笃"所述之意相同。但掺入中间数句后，其意则变为握政柄、守势位之事。与《老子》根本精神相去甚远，而近于法家主张。

第二十七章

善行无徹跡，善言无瑕谪，善数不用筹策，善闭无关楗而不可开，善结无绳约而不可解。[是以圣人常善救人，故无弃人；常能救物，故无弃物。]是谓袭明。[故善人者，不善人之师；不善人者，善人之资。不贵其师，不爱其资，虽智大迷。]是谓要妙。

【考异】"无徹迹"，《释文》标出此三字，引梁武帝之说，称"徹"字当作"车"边，但今作"彳"旁，此乃古时字少，尚无"辙"字所致。此外，《释文》注文又称"跡"字，河上公本作"迹"。可见隋代河上公本作"徹迹"，而王弼本作"徹跡"。现行王弼本、河上公本均作"辙迹"，此为后人所订正。傅奕本作"徹迹"，存河上本旧貌。"无"字之上，河上公本《景福碑》及傅奕本中有"者"字。下四句皆同，"无"字之上有"者"字。"瑕谪"，河上公本《开元幢》作"瑕讁"，《景龙碑》作"瘕讁"。傅奕本与王弼本均作"瑕谪"。"讁"为"谪"俗字，"瘕"为"瑕"借字。"善数"，河上公本作"善计"。"筹策"，《开元幢》作"筹算"。"策"与"算"同义。"关楗而"，《景龙碑》"楗"字，以及下文"约"字之下均无"而"字，"救人"及下文"救物"之下"故"字作"而"，"善人"之上无"故"字，下方无"者"字，"不善人"之下亦无"者"字，"智"字作"知"。傅奕本"故无弃人"中"故"字之下有"人"字，"无弃物"之上有"物"字，与《淮南子·道应训》引文一致。

河上公本此章题作"巧用章"，但此章中疑点甚多。"是以圣人常善救人"以上四句，唐代傅奕校定诸本之时，称此四句存于河上公本中，但不见于古本。但《淮南子·道应训》已将其引作老子之语。后世部分学者从傅奕之说，认为应当删除此四句。但也有部分学者更重视《淮南子》引文。因此，此四句是否应当存于此处，历来聚讼纷纭。平心静气，熟读此章，则可见此四句与上下文不相连属，不仅如此，《淮南子》引文中称其意为恶人亦有可使之道，与《老子》精神不一致，因此删除此四句或许更为得当。

"故善人者，不善人之师"至"大迷"数句，也被《淮南子》及《韩非子》引作老子之言。但此数句与前后文不相连。《淮南子·道应训》记载，齐楚交战，楚军陷于不利，楚将子发部下有善于盗窃之人。此人一夜之间将齐将所用帱帐偷来交与子发。子发将其还与齐军。第二夜，又将齐将之枕偷来，第三夜又偷齐将之簪，并将其交与子发，子发每日将其还与齐营。齐将恐惧，认为不知何时，自己首级也将被盗走，因此退去。《淮南子》记载此故事，表述无论多么微不足道的伎俩，只要使用方法得当，都能发挥大用。并称老子所言"不善人，善人之资也"即述此意。《韩非子·喻老篇》记载，殷纣王欲得周之玉版，使忠臣索取，文王不从，又使奸臣索要，文王予之。此为文王计策，使纣王不信忠臣，并助长奸臣之跋扈，从而加速殷商灭亡。并称老子所言"不爱其资，虽智大迷"，即为此意。以上《淮南子》及《韩非子》所载为现存《老子》解释中形成年代最早的文献。由此可见，"善人者，不善人之师"以下之数句为阴谋家之语，与《六韬·文筏篇》[1]所载不战而谋敌国之策类似。而此类阴谋之策与老子无为自然之说并不一致。因此此数句当为老子之语传于苏秦等游说家之时窜入经文，当删除之。除以上二句，其余部分可信之为老子之言。而其余部分以"跡""谪""策""开""解"押韵，"明""妙"也成韵。由此，可推测其为古代道家一脉学者所口传暗诵老子之语。

"善行无徹跡"中"徹"为"车辙"，"跡"为"足迹"之意。指真正可称为善行之举毫无徹跡，故无法以善恶评价，仅顺遂自然而已。"善言无瑕谪"中"瑕谪"，《吕氏春秋》及《荀子》作"瑕適"。"瑕"为玉之痕，"谪"意为过错。意指真正善言无可非议。"善数不用筹策"，计算事物之数时，需使用

1　"文筏篇"，通行本《六韬》中作"文伐"，此处依武内义雄原文。——译注

筹策，也就是算木。但真正善于计数之人则不用算木。"善闭
无关楗而不可开"，"楗"与"键"均指锁。关闭门庭时，必
须使用关木或键，但真正善于闭门者不用关木或键，也可使
人无法打开。《淮南子·说山训》云"至巧不用剑，善闭者不
用关楗"，且注曰"善闭其心，闭其心故不关楗也"。若从此说，
则"善闭者"为紧闭心门，使情欲不得外驰之意，心中虽无关楗，
但善闭者闭之，也可使他人无从开启。"善结无绳约而不可解"，
与《庄子·骈拇篇》"待绳约胶漆而固者，是侵其德也"同义。
指顺天而行，不以人为绳索束缚。要言之，此五句言任自然
去人为之事。至此境界，则可称之为"袭明"或"要妙"。"袭明"
为入"明"之义，指悟入常然之道。"要妙"与"窈眇"同义，
此境界远超常人之智，无法以言语说明，故称之为"要妙"。

第二十八章

（一）知其雄，守其雌，为天下溪。为天下溪，常德
不离，复归于婴儿。

（二）知其白，守其黑，为天下式。为天下式，常德
不忒，复归于无极。

（三）知其荣，守其辱，为天下谷。为天下谷，常德乃足，

复归于樸。[（四）樸散则为器，圣人用之，则为官长，故大制无割。]

【考异】（一）"溪"字，《景龙碑》作"蹊"。据《释文》所载，也有版本作"溪"。"常德"，《景龙碑》作"常得"，下二句亦同，古时"德""得"通用，正字为"德"。

（三）"樸"字，《景龙碑》作"朴"，《玉篇》引文作"璞"，均为同义。

（四）《景龙碑》"散"字下无"则"字，"用"字下无"之则"二字，"故"字作"是以"。"无割"，河上公本、《开元幢》、《景福碑》、《广明幢》均作"不割"，《景龙碑》、傅奕本及《淮南子》引文作"无割"。现行王弼本与河上公本相同，但据其注文可知原本作"无割"。"圣人用之"中"用"字，俞樾认为，据注文可见河上公本作"用"，王弼本作"因"。此说或许成立，但现行诸本均作"用"，经文也因袭之。

此章河上公本题作"反朴章"。前三章为韵文，可认其为古语。但最后一节不押韵。且《庄子·马蹄篇》云："至德之世，同乎无欲，是谓素朴。素朴而民性得矣。夫残朴以为器，工匠之罪也。"其中"残朴以为器"一语，与此章第四节"樸散则为器"同义。此节中又有"圣人用之，则为官长"一句，意为儒家推崇圣人，但圣人之政有悖于"朴"，因此并非良政。

若果真如此，则此节言圣人，是为非难圣人。《老子》形成年代较早的内容中，将"圣人"当作理想人格大加称赞，与此节内容大异其趣。可以推测，原始道家也曾推崇圣人，后为压倒儒家，从而开始非难圣人。因此，此章第四节形成时间当略晚于老聃之时，为后世道家之言。第四节末句"大制无割"四字，可见于《淮南子》引文，在引文中与现行《老子》第三十九章"故致数舆无舆也"一文相连，因此此四字恐为错简。要言之，第四节恐非老子之言。

前三节形成时间当早于第四节，但也有不少可疑之处。《淮南子·道应训》将"知其雄，守其雌，为天下溪"三句与"知其荣，守其辱，为天下谷"三句分离，单独引用之。但此引文或许省略了第二节与第三节。因此汉初文本，或许与上文所记一致。但比《淮南子》形成时间更早的《庄子·天下篇》中引老子之言为"知其雄，守其雌，为天下溪；知其白，守其辱，为天下谷"六句。可见该引文将第一节初三句与第二、三节混而引之。而进一步分析，"白"当与"黑"对，"辱"当与"荣"对，而《庄子》引文中将"白"与"辱"对用，似有误。但《老子》第四十一章中有"大白若辱"一文，可见《老子》中将"白"字视为"荣"，与"辱"对用。因此，《庄子·天下篇》作者所见《老子》之文，当无"守其黑"至"知其荣"二十三字。试删去该二十三字，则此章如下：

知其雄，守其雌，为天下溪。为天下溪，常德不离，复归于婴儿。

知其白，守其辱，为天下谷。为天下谷，常德乃足，复归于朴。

此章仅存以上二节。而若如此，则"天下溪"与"天下谷"相对，修辞上更为恰当。此二节之意为，去雄刚、守雌柔，辞却荣誉、忍受辱恶，若能如此，则可为天下所归，从而保全自然之德，回归婴儿素朴之态。

若如今本，中间加入"知其白，守其黑，为天下式。为天下式，常德不忒，复归于无极"一节，则"白黑"与"荣辱"必须解释为两种意思。河上公注解"白"为昭昭之智，"黑"为暗昧之意。《老子》第十章中"明白四达，能无知乎"一句，将"明白"与"知"相对，因此河上公注文或许得当。《老子》第六十五章中"以智治国，国之贼；不以智治国，国之福。知此两者亦稽式（河上公本作'楷式'）"一文，称扬愚民政策，而此章"天下式"中"式"字与六十五章"稽式"相对，对照可知此一节所述似乎也为愚民政策。"守黑"与愚民多少有所不同，但其要旨仍为弃智执愚之事。吾人臆测，此一节当为老子之言传于慎到之时，慎到主张愚民政策而添加。《庄子·天下篇》作者认为老子与慎到之间有所区别，而特意不引此句，其中当有深意。

第二十九章

（一）将欲取天下而为之，吾见其不得已。天下神器，不可为也，「不可执也。」为者败之，执者失之。「（二）是以圣人无为，故无败；无执，故无失。」"不可执也"四字，据《文选注》引文补正，"是以圣人"以下十四字旧在六十四章。

（三）凡物或行或随，或歔或吹，或强或羸，或挫或隳。是以圣人去甚，去奢去泰。

【考异】（一）傅奕本"吾"上有"者"字，"已"下有"夫"字。《景龙碑》无"者""夫"字，且无"不可为"下"也"字。"不可执也"四字，诸本均无。但《文选·干宝〈晋纪总论〉》李善注中有"《文子》引《老子》曰：'天下神器，不可为也，不可执也，为者败之，执者失之。'"一条，且此章王弼注文有"故可因而不可为也，可通而不可执也"一句，由此可见，王弼所依据原文中当有此四字，故补正之。

（二）"是以圣人"以下二句，原在第六十四章中，但于彼章中，似为冗句，且"是以"之上，"为者败之，执者失之"二句与本章一致，恐为此章之文窜入彼章中，试将其附记于此。

（三）"凡"字，《景龙碑》作"夫"，河上公本《景福碑》《开元幢》作"故"，傅奕本作"凡"，现行王弼本作"故"，但据注文推测，此处当作"凡"。"或歔或吹"中"歔"字，河上公本及《开元幢》作"呴"，《景福碑》作"煦"，傅奕本作"嘘"，《景福碑》作"嘘"。"呴""煦"均与"敏"意同，指以气息吹暖事物，"吹"字则指吹凉。"嘘"与"歔"同，均指缓缓吹息，而与之相反，"吹"字指急促吹气。"嘘"指闭口不言，"吹"则为张口吹息。因此无论此处作何字，均与后文"吹"字为相反概念。"羸"字，《景龙碑》作"赢"，恐有误。"羸"与"强"相对，意为弱。"或挫"中"挫"字，河上公本作"载"，《景龙碑》作"接"。傅奕本"羸"字作"剉"，"挫"字作"培"。据上三句之例，该句中诸字均为相反概念。"隳"字，傅奕本作"堕"，"隳"为"堕"之俗字。河上公注解"载"为"安"，"隳"为"危"之意。但将"隳"字解释为"危"，稍显牵强。陆德明注"隳"为"毁"，因此"挫"必须被解释为"成"，才能与之相对。但"挫"字并无"成"之意。此处若作"载"则可以解释为"成"。因此此句河上公本得当，王弼本当有误。可以推测，王弼本中"挫"字当为"培"字之误。"培"字与"冯"字通用，为乘坐之意。若此处为乘坐之意，则下文中"堕"字当解释为坠落。"载"字也有乘坐之意，"隳"字有坠落之意。因此，此处"载""培"均可通。《景龙碑》中"接"字，王弼本"挫"字，恐为"培"字之误。

河上公本将上文全体命名为"无为章"。但以内容而言，仅前半部分可名为"无为章"。后半"凡物或行或随"以下，意义有所不同。

（一）"取天下"中"取"字并非强夺之意，而是指得天下民心。欲得天下民心，从而采取种种人为政策，此为失败之源，唯有无为才是真正之善政。此为前半部分大意。从文义而言，此段与老子思想不相矛盾，但从文体分析，形成时间当偏晚。

（三）"凡物或行或随"等四句，意指常人所经历之事，都具有相对性，有所偏颇，因此容易走向相反状态。该四句与第二章"有无相生，难易相成"等语意义相同。也就是说，"先行""后随"，"缓""急"，"强""弱"，"乘""落"，均为相对概念，若不预想甲，则无法思考乙的存在。而当甲存在时，也一定潜伏着乙的可能性。而世人喜欢追求先、强、乘，这并不是良好的做法。因此圣人"去甚""去奢""去泰"。"甚"为极端，"奢"为奢侈，"泰"为骄慢之意。此一节中，"随""吹""羸""隳""甚""泰"押韵，形成时间应当较早。

第三十章

（一）以道佐人主者，不以兵强于天下。其事好还。

师之所处，荆棘生焉。大军之后，必有凶年。善者果而已，不敢以取强。果而勿矜，果而勿伐，果而勿骄。果而不得已，「是」果而勿强。（二）物壮则老，是谓不道，不道早已。

【考异】（一）《景龙碑》"佐"字作"作"。此处为"作"字，则该句表人主以道而行，"佐"字则为人臣以道辅佐人主之意。王弼注文中将该句解释为后者之意，可见其经文中当作"佐"字无误。但河上公注文中有"以道自佐之主"一文，可见其经文中此处与《景龙碑》相同，为"作"字。现行河上公本中此处作"佐"，当源于注文中"辅佐"二字，而误改经文。"强于天下"一句，现行王弼本无"于"字。但从注文推测，此处王本原文当与河上公本相同，有"于"字，今据此补正。"大军之后，必有凶年"二句，不见于《景龙碑》与道藏《次解》本。王弼注不解释此二句，而河上公对此二句有所注解，据此推测，王本原本无此二句，而河上公本有之。陆氏《释文》标出"凶年"二字，据此推测王弼本中似乎有此句。但《释文》在"凶年"二字之下，注有"天应恶气，灾害五谷，尽伤人也"，此句当为误传河上公注中"天应之以恶气，即害五々谷々，尽伤人也"而成。依《释文》休例，此处不可能单独引用河上公注。因此，此处陆氏原本之意或许指王弼本中"凶年"二字出现于注文中，而河上本将其视为经文，并在下方注有"天应以恶气"云云。

《景龙碑》主要以河上公本为底本，但又据王弼本有所校改。因此碑文中无此二句，当是依据王弼本删定所致。因此此处以小字号标注此八字。"善者果而已"之上，旧钞河上本、《景龙碑》中有"故"字。旧钞河上本"而已"之下有"矣"字，"去强"之下有"焉"字。"矣""焉"二字，有或无对文义影响不大，但此处有"故"字更恰当。"果而勿骄"一句，《景龙碑》中在"果而勿矜"之上。无论是王弼注文，还是旧钞河上公注文，所显示顺序均与《景龙碑》不一致。"果而不得已"中"已"字，《景龙碑》中作"以"，"以"字之下有"是"字。"已""以"二字通用，均为停止之意，因此此处之意碑文与诸本均通，但"是"字之有无，却很值得注意。此处不仅碑文中有"是"字，傅奕本中亦有。范应元古本中"是"字之下又有"谓"字。也就是说"是"字承接上四句，"是"即"果而勿强"之意，并在其后加以结语。意指"果而勿强"四字总结上文"善者果而已，不敢以取强"。此处若有"是"字，则"果而勿强"四句，为上二句之说明。若无"是"字，则最后一句与上文重复。因此，虽然现行王弼本与河上公本均脱落此"是"字，但我仍认为此处当有"是"字，并加以补正。

（二）"不道"，《景龙碑》、傅奕本作"非道"。

第三十一章

（三）夫佳兵者不祥之器，物或恶之，故有道者不处。
君子居则贵左，用兵则贵右。（四）兵者，不祥之器，非君子之器。
不得已而用之，恬淡为上，胜而不美。而美之者，是乐杀人。夫乐杀人者，
则不可以得志于天下矣。吉事尚左，凶事尚右。偏将军居左，上将军居右，
言以丧礼处之。（五）杀人之众，以悲哀泣之，战胜，以丧
礼处之。

【考异】（三）"夫佳兵"中"佳"字，天文钞河上本作"餝"，
此当为依据河上公注文之意校改而成。王弼注解释"佳"字
为"美"。傅奕本中此字作"美"。众说纷纭，并无定论。清
儒王念孙认为"佳"为"隹"字之误，"隹"乃"唯"之古字。
近年所发现元大德三年所刻《道德经》幢中，此字作"佳"。
《老子》文中，多处可见"夫唯……故"这一用例，如第八章、
十五章、二十二章，均有此例。可见王念孙之说或许得当。"故
有道者不处"一句，《景龙碑》中无"者"字。

（四）据武英殿本王注《老子》校语，此节并非《老子》经文，
或为注文窜入经文而成。而日本东条一堂也承袭此论，且断
定此节为王弼注文，主张王弼本对此章无注，源于其注文已
窜入经文之中。细读全章，则可见"兵者，不祥之器"至"天

下矣"四十八字，为说明此章章首三句之文。因此，"吉事尚左"至"以丧礼处之"二十四字，似乎是说明"君子居则贵左，用兵则贵右"一句的注语。因此，经文将可认为是注语的文字以小字号标注，用以区别经文。以注文体裁推测，此处似乎如东条氏所言，当为王弼注。河上公本中对此句有注释，可见河上公注一定形成于王弼注之后。

（五）"杀人之众"，《景龙碑》中"之众"作"众多"。

以上二章于河上公本中被分别命名为"俭武章""偃武章"以区别之。魏源《老子本义》将此二章合为一章。熟读此二章之文，则可见魏源所论似为得当。《老子》之中，与"夫唯……故"接续之文，一定承接上句，且于主旨有所转折。以此为例，则可见第三十一章也应当承接上章，而不应独立作一章。以上二章中，韵文仅有"物壮则老，是谓不道，不道早已"三句，此三句或为古语，其他部分形成年代应当较晚。此二章所述，为用兵当谨慎之意。《三略》称"夫兵者，不祥之器，天道恶之，不得已而用之。是天道也"，《尉缭子·武议篇》称"故兵者，凶器也；争者，逆德也；将者，死官也。故不得已而用之"，此二章与之同义。此二章恐为兵家之言窜入而成，而并非老子之言。宋代晁景迂所著《王注〈老子〉跋》认为，"夫佳兵者不详之器"至"战胜以丧礼处之"并非老子之言。王应麟《困学纪闻》也引晁氏之文，对此有所质疑。宋代董思靖《道德真经集解》第三十一章称"王弼云此章疑非老子所作"，宋代彭耜《道德真经集注杂说·上》称"王弼注《道德经》，以'夫佳兵''民之饥'二章疑非老子所作"。近年敦煌所发现唐写本《玄言新记》注文中也称王弼对第三十一章有所怀疑。可见王弼之时，对第三十一章"夫唯兵"以下便有所质疑。窃以为，第三十章亦非老子之言。第三十章中，形成年代最早者当为"物壮则老"等三句。《左传·僖公二十八年》有"师直为壮，曲为老。……我曲楚直，其众素饱，不可谓老"一段，与此章合而考之，可见春秋时期，兵家之间似乎已流行以"壮""老"为对语，因此"物壮则老"等三句很难被认为是老聃之意，反而更类似于兵家之言。

此二章内容大致如下：

（一）以道辅助人主的名臣，不凭借强大的军队取得天下，反而尽量退却。所有的战争都会伤害人民，使田地荒芜，成为长满荆棘的原野。善于用兵之人，仅战胜敌人而已，并不夸耀军队强大。（"果"为"猓"借字，为战胜之意。）也就是说战胜敌人也仅限于逼不得已的程度，不自矜、不自伐、不骄傲。此即为仅止于胜利，而不夸耀强大之意。

（二）至于为何要避免军队强大，那是因为世间万物极度壮盛，便会走向衰老，人们希望壮盛，反而使事物衰老，偏离"道"之轨迹。偏离"道"之轨迹，事物则提早终结。因此要避免军队强大。

（三）兵为不祥之器，君子厌恶使用它，因此有道者避免用兵。君子日常以左侧为贵，但用兵时以右侧为贵，战胜时也使用丧礼的仪式，这是因为感伤战争杀人众多。

第三十二章

（一）道常无名。[（二）朴虽小天下莫能臣也。侯王若能守之，万物将自宾。天地相合，以降甘露，民莫之令而自均。]（三）始制有名，名亦既有，夫亦将知止。知止所以不殆。[（四）譬道之在天下，犹川谷之于江海。]

【考异】以上全文，河上公本中被称为"圣德章"。但此章多处文义不连。可以推测，（二）或为第三十七章错简，（四）或为第六十六章错简。因此此章之文仅有（一）（三）而已。

今比较诸本中（一）（三）文字异同如下：

"夫"字，河上公本与《景龙碑》作"天"，碑文中"天"字下无"亦"字。"知止"中"止"字，河上公本作"之"字。但《景龙碑》中作"止"，且"不殆"之上无"所以"二字。

若此处文字如碑文所记，则与第四十四章"知止不殆，可以长久"句法相同。但此章中王弼注有"故知止所以不殆"一文，因此王弼原本中一定有"所以"二字。"所以"二字，《聚珍》本作"可以"，但道藏本与明和本作"所以"，与王弼注文一致。傅奕本此章与王弼本同。

此章之意，与第一章对照则可明了。"道常无名"四字，是第一章"道可道非常道"的肯定陈述。"始制有名"四字，与"无名天地之始，有名万物之母"之意相同。也就是说，道为恒久不变之物，无法用人类的言语表述，因此道为常，且无名。该无名之道，是天地的始源，换言之，也就是万物现象的根本，由道生出万物，故称"始制有名"。"有名"即为万物之意。但万物千差万别，因此人类在面对万物之时，一定以好为贵，以劣为卑，生起诸多名誉心。"名亦即有"中"名"字与上文"名"字意义不同，为名声、荣誉之意。而追求名誉为误人之源，因此人们应知知止之事，而知止则可以使人不陷入危险之中。

第三十三章

（一）知人者智，自知者明。胜人者有力，自胜者强。

（二）知足者富，强行者有志。不失其所者久，死而
不亡者寿。

【考异】傅奕本中每句末有"也"字。《景龙碑》中"强行"
之下无"者"字，想来是碑文为了形成四字句对原文有所删减。

上文（一）中，"明"与"强"字隔句押韵，而（二）中
每句押韵，形式有所不同，因此此二句原本未必为连续两节。

（一）《老子》中常用"明""强"二字，此节说明此二字
之意。"明"字与"智"字对用，"智"为了解他人之意，"明"
为了解自己之意。《韩非子·喻老篇》有"故知之难，不在见
人，在自见。故曰：'自见之谓明。'"一文，即解释此节上二
句之意。"强"，一般即指"有力"之意，但老子认为"有力"
指战胜他人，而"强"指战胜自己。《老子》第五十二章中有
"守柔曰强"一句，与此处同义。能抑制自己的欲望，甘愿自
处于他人所不欲、卑下境地，即为老子之所谓"强"。

（二）"知足者富"与第四十六章"知足之足，长足"、第
四十四章"知足不辱"意义相同。"强行者有志"四句，学者

或以《中庸》中"强行"解释之，恐非本章之意。此章中"强行"之意或可解释为，守柔而行、卑弱自持者有志。"不失其所者久"，可与第十六章"道乃久"合并分析，"不失其所"或为因循"道"之意。"死而不亡者寿"，为"殁身不殆"之意，因循"道"的事物"殁身不殆"，因此称其为"寿"。

中井履轩《老子雕题》中认为，古代"寿"字与"富""志""久"诸字不谐韵，或为后人之文。但《老子》第十六章中"道""久""殆"三字谐韵，而"道"与"寿"字又谐韵，可见此章"寿"字或许也与上文"富""志""久"字谐韵。江晋三也认同此说。

第三十四章

（一）大道氾兮，其可左右。万物得之以生而不辞，功成而不名有。[（二）衣养万物而不为主。常无欲,可名于小；万物归焉而不为主,可名为大。][（三）以其终不自为大，故能成其大。为大于其细,图难于其易。]

【考异】（一）"氾兮",现行本作"汎兮"。据《释文》可知，王弼本作"氾兮"而河上公本作"汎兮"。傅奕本作"汎汎兮"，此或为据河上公注文重叠"汜"字所致。据《说文》所述,"氾"字为泛滥之意,"汜"为漂浮之貌。此处王弼注文为"言道泛滥,无所不适",由此也可证明王弼本当作"氾"字。旧钞河上公注文中有"言道汜汜,若浮若沉"一文,可证明河上公将"氾"字解释为"汜"借字,《释文》所见河上公本或许据其注义对经文有所订正。"万物得之以生"一句,现行王弼本作"万物恃之而生",本书中据《文选·辨命论》注所引王本加以订正。《文选注》引此句,其下又引王注称"万物得道而生"。此为王弼本作"得"而不作"恃"之明证。"功成而不名"一句,今本中无"而"字,但河上公本与傅奕本中有之,《文选注》所引王本中亦有此字,因此现行王本中恐脱落此"而"字。

(二)"衣养",河上公本及《开元幢》作"爱养",傅奕本作"衣被"。俞樾认为,"衣"与"爱"古音相同,王本作"衣养"即为河上公本"爱养"之意,傅奕本改作"衣被",改定之人不通"衣养"之义。与之相反,马叙伦称范应元所见王本作"衣被",《易经》韩康伯注中有"衣被万物"一句。韩康伯属于王弼一系,因此王弼本或许当作"衣被"。今平心分析,旧钞河上本与《景龙碑》均作"爱养",据其注文也可见河上本当作"爱养"。陆氏《释文》仅称河上本"衣"作"爱",而未言及"养"字,因此王本必作"衣养"。我推测,王本古来所传经文当作"衣养",而河上本认为"衣"为"爱"借字,由此改其经文。而"爱"字古音与"隐"同,但齐人将"隐"读为"爱",此节"爱养"作"衣养",由此可推测此节当为齐人所添加。盖(二)为解释(一)之文,因此古传老子之言或许仅有(一),而老子学派传于齐国,也就是今日的山东省,后人添加上(二)。(二)中四句,《景龙碑》仅作"爱养万物不为主,可名于大"二句。此节原貌或许与《景龙碑》一致,后改为今日之形。今本"常无欲可名于小"七字,或为"衣养万物而不为主"一文之注释。

(三)此处经文、注文均与第六十三章一致,因此或为错简。

以上第三十四章中(一)以"右""辞""有"押韵,或为古传之文。其他部分或为后世所添加。第一节"大道氾兮,其可左右"二句,与第二十五章"周行而不殆"一句文义相同,指道为万物本体,周行于万物之中。王弼注曰"言道泛滥,无所不适",得原文之意。也就是说,万物生生于道,故称"万物得之以生"。道生成万物,而自身并不言说此事,也并不想保有生成者的名誉,这被称为"不辞"或"功成而不名有"。

第三十五章

（一）执大象，天下往；往而不害，安平大。（二）乐与饵，过客止。道之出言，淡乎无味，视之不足见，听之不足闻，[用之不可既。]

【考异】（一）“安平大”中“大”字，河上本作“太”，傅奕本作“泰”。后世“太”与“泰”同义，而“大”之意与之不同。但古时无“太”字，“大”与“泰”可通用，因此王弼本保留其原貌，而河上公本被后人根据其字义改作“太”。

（二）“出言”中言字，王本与河上公本均作“口”，仅有傅奕本与《景龙碑》作“言”字，但“言”字与下文“见”“闻”谐韵，因此当作“言”。此章王弼注文中有“道之出言淡然无味”一文，此外第二十三章王弼注有“道之出言，淡兮其无味也”，均作“出言”，可见王弼本原本也作“言”字。“用之不可既”中“可”字，王弼本作“足”，但河上公本、《景龙碑》、傅奕本均作“可”字，王弼注文中，也仅有此句与上二句不同，作“可”字。可见似乎所有的文献都显示此处当作“可”。第二十三章王弼注文中引此章曰：“下章言：道之出言，淡兮其无味也，视之不足见，听之不足闻。然则无味不足听之言，乃是自然之言也。”其注文中不引“用之不可既”一句。据本章王弼注文，上二句似乎可视作经文，但最后一句似为后人据王弼注所加。从韵脚分析，"言""见""闻"三字谐韵，最后一句不合韵，该句恐为后人所附益。

（一）"执大象"中"大象"与第四十一章中"大象无形"之"大象"意义相同，"大"为道之别名。（第二十五章有"强为之名曰大"一句，本章中"大"与之同义。）道无固定形体，故称"大象无形"。因此此章中"大象"意为无形之道。（一）中之意或许为，执道而临天下，则没有任何事能阻碍其前行，从而可以保持安然、太平。

（二）"乐"为音乐，"饵"为食物，以音乐、食物招待客人，则可吸引过客，使其止步不前。但由道所生的语言淡然无味（与"饵"相对），无可见之形（因为"大象无形"），无悦耳之音（与"乐"相对），因此无法吸引人。然而其中有着取之不竭、用之不尽的功用。

第三十六章

（一）将欲翕之，必固张之；将欲弱之，必固强之；将欲废之，必固与之；将欲夺之，必固与之。（二）是谓微明。

柔弱胜刚强。（三）鱼不可脱于渊，国之利器不可以示人。

【考异】（一）"翕"字，现行王弼本作"歙"。《释文》标出"翕"字且注文中称河上本作"噏"，简文作"歙"，又作"洽"。但傅奕本作"翕"，范应元所见王弼本、旧钞河上公本、《景龙碑》均与傅奕本相同。《韩非子·喻老篇》引文也作"翕"，可见《老子》古本均与傅奕本相同，后世根据其字义解释，将其改为其他诸字。"固"字，《开元碑》中作"故"，"固"与"故"均为"姑"字借字，意为暂且、姑且。《魏策》及《韩非子·说林篇》中有"将欲败之，必姑辅之；将欲取之，必姑予之"一句，并将其视作《周书》之文，"将欲废之"以下四句与之大致相同，《周书》之文以"辅""予"二字押韵。

（二）"是谓微明""柔弱胜刚强"二句，"柔弱胜刚强"五字，《景龙碑》作"柔胜刚，弱胜强"六字，傅奕本与碑文句法相同，但两"胜"字下有"之"字。《韩非子·喻老篇》解释（一）中四句，其后有"起事于无形，而要大功于天下，是谓微明。处小弱而重自卑，是谓损弱胜强也"一段，加点部分似为老子之语。但依《韩非子》文例，引老子之语时，必冠以"故曰"二字，而此句中无此二字，可见此处或许为《喻老篇》作者之语而并非《老子》经文。若果真如此，则此二句为古代解说《老子》之文，后窜入经文。

（三）"国"字，傅奕本作"邦"，与《韩非子·喻老篇》所引相同。但《庄子·胠箧篇》所引此句作"国"字，由此可见此处原本似乎当作"国"。而《说苑·君道篇》所引此句中，"示"字作"借"，《淮南子·主术训》高诱注引文中作"假"字。

此章河上公本题作"微明章"，将全章重点置于"是谓微明"一句。但此句或许反而为后人解说之语。全章中成立于古代者，似乎为（一）（三）部分。（一）中初四句，以"张""强"为韵，此四句若从《周书》之文，则也为韵文。而（三）中"渊"与"人"押韵。此章似为阴谋家之言，与老子自然自化之说矛盾。伊藤兰嵎与中井履轩对此句均有疑义，且此章中明显有《周书》之语。所谓《周书》，或许即为苏秦所学"《周书阴符》之谋"。此章或许正如兰嵎、履轩所质疑，并非老子之语。

（一）中之意，不言自明。意为欲削弱敌国，必须姑且放任其强大，欲取之于人，必须姑且给予对方。

（三）重点在"国之利器不可以示人"一句。此处所谓"国之利器"为君主的阴谋术策，君主以此才得以保全地位，恰如鱼在渊水之中才得以呼吸。君主无权谋正如游鱼离于水。此或许即为不可示人之意。若果真如此，则此节为阴谋家之语而并非老子之言。

第三十七章

（一）道常无为，而无不为，侯王若能守之，万物将自化。化而欲作，吾将镇之以无名之樸。「（二）樸虽小天下莫能臣。侯王若能守之，万物将自宾。天地相合，以降甘露，民莫之令而自均。」以上三十四字旧在三十二章。（三）无名之樸，夫亦将无欲。不欲以静，天下将自定。

【考异】（一）"侯王"二字，《释文》称梁武本作"王侯"，现行傅奕本也作"王侯"。马氏《老子覈诂》中认为，第四十二章王注中有"王侯"二字，可见王弼本原本或许也作"王侯"。东条一堂称，第十章王弼注中引此章作"侯王"，可见王弼本原本也当作"侯王"。比较二说并加以分析，东条氏之说更为恰当。《景龙碑》无"守之"中"之"字，且"樸"字作"朴"。

（二）为第三十二章之文，但于彼章之中与上下文不相连贯。其文体与此章第一节相类，且第三十二章此节下王弼注文或称"抱朴无为"，或称"此守其真性，无为则民不令而自均也"，其注文中反复出现"无为"二字，所解释内容似乎与此章有关，因此试将其移至此章之中。"莫能臣"，据《释文》所记，王弼本中"臣"字之下似有"也"字，现行本中亦有"也"

字。但泷川氏所藏旧钞河上公本栏外所记王弼本无"也"字。现行河上公本与傅奕本均无"也"字，因此王弼原本中或许也无此字。河上公本此三字作"不敢臣"。"不能"与"不敢"同义。"自均"之下，河上公本与傅奕本均有"焉"字。

（三）"夫亦将无欲"，《释文》中标出"吾将镇之以无名之朴，夫亦将无欲"十四字，可见（三）之初似无"无名之朴"四字，现行诸本均有此四字。据《释文》所记，梁简文帝本"无欲"作"不欲"。但现行河上公本及《景龙碑》均作"不欲"，且碑文中无"夫"字。"天下将自定"中"定"字，河上公本作"正"。

（一）道为万物生成之源，但其本体为无为、无名之物。若侯王能顺从大道、坚守无为，则万物自然生生变化，无所凝滞。但此生生变化的过程中，常有欲望兴起。因此当以"无名之朴"镇压欲望。

（二）"樸"（或者"朴"）为不经加工、带有树皮的木材，施以人工才能成为器物。依据各种器物的作用，产生了种种器物之名。但"朴"仅指原木素材，别无他名。因此称之为"无名之朴"。《庄子·马蹄篇》称"夫残朴以为器，工匠之罪也"，亦指此"朴"。可见老庄之徒以"朴"字表无为无欲之意。《庄子·天地篇》称"无为复朴"，《马蹄篇》称"同乎无欲，是谓素朴。素朴而民性得矣"，均为此例。正如器物有种种用途，作为"一器"之人也有着种种用途。素朴之人一见之下似乎无用，但作为人臣其用途无可限量。若侯王可坚守素朴，则天下万物自然归其德，天地也应其德而显示祥瑞，降下甘霖。即使不颁布重大教令，也可使人民自然和合。（"均"与"韵"相同，均为音声和谐之意，此处仅为和谐之意。）

（三）"朴"，即为无欲。故称"无名之朴，夫亦将无欲"。无欲则心境自然平静，无须人为治理，天下也可自然安定。《释文》注此章称"河上者非老子所作也"，意义不明。泷川氏所藏旧钞河上公本栏外所记贾大隐《老子述义》记有"梁简疑此章非老子所作"一句。《释文》中"河上者"三字，或为"梁简疑此章"五字之误。

此章中（一）"为""为""化"押韵，"作""朴"押韵。（三）"朴""欲"押韵，"静""定"押韵。（二）中之文移至此处，也以"臣""宾""均"押韵。可见此章全文均为古代所传《老子》之文。梁简文帝认为此章并非老子所作。此章中"侯王"二字大有疑义，既称"侯王"，则其所指当为王与诸侯，汉时人称诸侯为侯王。称诸侯为侯王之事，最早也在战国时期齐、梁称王之后。其时已在老子逝世之后，因此简文帝之疑似亦有理。

老子《道德经》下篇

第三十八章

上德不德，是以有德；下德不失德，是以无德。上德无为而无不为，下德为之而有不为。上仁为之而无以为，上义为之而有以为，上礼为之而莫之应，则攘臂而扔之。故失道而后德，失德而后仁，失仁而后义，失义而后礼。夫礼者，忠信之薄而乱之首。前识者，道之华而愚之首。是以大丈夫处其厚，不居其薄；处其实，不居其华。故去彼取此。

【考异】"上德无为而无不为"中"无不为"三字，现行王弼本中作"无以为"，"下德为之而有不为"中"有不为"

作"有以为"。但据王弼注义，"上德"一句当作"无不为"，"下德"一句，与上文对照可推测其原文也当如本书所改。《韩非子·解老篇》所引此文，上句如本书所改。傅奕本下句作"无以为"，范应元所见王弼本也与傅奕本相同。但熟读王弼注，则可见现行本下句经注皆误，原文当如本书所改，当订正之。"扔之"，诸本作"仍"，王弼本作"扔"。"愚之首"中"首"字，现行王弼本作"始"，《韩非子·解老篇》作"首"，据王弼注义，可见其原本似乎也作"首"，今订正之。要言之，现行王本依据河上公本对经文有所校订，因此与其注文往往不一致。今据其注义，参考诸本，尽可能回复王本旧貌。

此章内容文体上为无韵之文，文义上反抗儒家之意甚强，形成时间当较晚。而"失道而后德"以下数句，《庄子·知北游》称其为黄帝之言。战国时期有假托黄帝所作之书，此数句或许为其中内容窜入《五千言》中所致。大体可视为道家之言，但未必为老聃之言。

"德"为得于身之物，"上德"即为从道中得之于身之物。因此上德之人仅因循道而已，而并不认为自身有德。不认为自身有德，正是能成为"上德"的原因。故称"上德不德，是以有德"，又称"上德无为而无不为"。儒家之徒以仁义礼智为德，致力于不失德。但儒家之所谓德为一偏之德，有所缺陷。道家认为其可称为"下德"。故称"下德不失德，是以无德"，又称"下德为之而有不为"。"仁"为衷心爱人之德，上仁之人顺从其源自本性的慈爱之心，诚心爱人而已。虽行仁，但不认为自己正在行仁。由此可称其为"上仁为之而无以为"。与"义"相比，"仁"是一种主观之"德"。因此安于"仁"之人，距道家所谓"上德"不远。"义"与"仁"之间有着较大分别。"义"是人当行之道，行"义"之时，必须考虑其是否为理所当然之事。因其必须加以人为思考，故而与"自然之道"有所区别。即使是"上义"之人，行"义"之时也一定有自己在行义事的自我意识。故称"上义为之而有以为"。"仁""义"为抽象之物，而"礼"有具体形式，甲对乙行礼则乙必须对甲回礼。若对方不回礼，则自然会认为对方为无礼之人，从而想抓住对方的胳膊，拉住他加以责备。故称"上礼为之而莫之应，则攘臂而扔之"。如上所述，从"道"至"德"，从"德"至"仁""义""礼"，越往后离道越远。故称"失道而后德"等句。"仁"之中尚有忠信，至于"礼"则失忠信之意，流于形式，成为争斗之源。故称"礼者，忠信之薄而乱之首"。"前识"意指比常人更早地认知事物性质。但所谓"智者"，并不能理解道的本质，仅能了解由道所显现出的华美细末之事，故称其为"愚之首"。大丈夫当崇尚忠信之厚而避开忠信之薄，守道之本质，而避其英华。去礼智而取德，故称"去彼取此"。

第三十九章

「（一）道生一，一生二，二生三，三生万物。万物负阴而抱阳，冲气以为和。」第四十二章。（二）昔之得一者，天得一以清，地得一以宁，神得一以灵，谷得一以盈，万物得一以生，侯王得一以为天下贞。其致之一也，（三）天无以清将恐裂，地无以宁将恐发，神无以灵将恐歇，谷无以盈将恐竭，万物无以生将恐灭，侯王无以贞将恐蹶。

[（四）故贵以贱为本，高以下为基。是以侯王自称孤、寡、不谷，此非以贱为本邪？非乎？故致数誉无誉。不欲琭琭如玉，珞珞如石。]

【考异】（一）原在第四十二章，而不在此章。但于彼章之中与上下文不连贯。故从姚姬传之说，将其移至此处。姚氏《老子章义》之中，将此文移至此章，但并未说明理由。《文选·游天台山赋》注引《老子》"道生一"一段，并在其下注："王弼曰：'一，数之始而物之极也。'"此注文不见于王注四十二章，而在此章之初。这或可证明姚氏之说并非空论。此节之首"道生一"之句,不见于《淮南子·天文训》及《精神训》所引《老子》之文。

（二）"天下贞"中"贞"字,河上公本作"正"。"致之一也",河上公本无"一也"二字,但傅奕本有之。其下王弼注文有"各以其一,致此清、宁、灵、盈、生、贞"一句,可见王本或许也有"一也"二字。

（三）"无以贞"之下,傅奕本有"而贵高"三字,河上公本与现行王弼本作"皆无以贵高"。范应元古本中作"无以贞",而无"而贵高"三字。此句中与（二）中"为天下贞"一句相对,可见范应元本最为恰当。

（四）当为他章错简,与此章或许并无关系。

（一）"道生一"一句,或可信从《淮南子》引文将其删去。"一生二"中"一"即为道,"二"为"阴"与"阳","三"为阴阳之外加以"冲气"。"道"生成现象,首现阴阳二气,二气交合则生"冲气",由"阴""阳""冲气"三者,生出世间万物。此即为老子的宇宙生成论。

（二）中"一"字均为"道"之别名。"道"以数而言则为"一",以量而言则为"大"。因此《老子》之中,时而称"道"为"一",时而名其为"大"。道家之言中,有时又称其为"大一"。天变为清明,地变为宁静,神变为灵妙,谷（川谷之意）转为充盈,万物生生，侯王成为天下之贞干，均由道才得以实现。"贞干"二字，可见于《庄子·列御寇篇》，《易经·文言传》称"贞"为事之干，因此"贞干"或许指政事的主宰者。

（三）天若不清明则将被毁坏，地若无安静之德则无法收藏万物。"发"为发泄之意，指泄漏事物。神若无灵妙之德则被消灭。川谷若无流水充盈之德则将干枯。万物若无生生之德则死灭。侯王若无"贞干"之德，则政权将颠覆。而这些均为"一"，也就是"道"所生之德，因此"道"为万物之本源。

第四十章

（一）反者，道之动；弱者，道之用。（二）天下之物生于有，有生于无。

【考异】（一）"天下之物"中"之"字，现行王弼本与河上公本均作"万"字，但傅奕本作"之"字。据王弼注文，可见其原文似乎为"之"字。此四句河上公本将其命名为"去用章"，并将其独立作一章。魏源《老子本义》中将此四句与上章合为一章，姚姬传《老子章义》将其与下章连为一章。二说均不恰当，且此四句中上二句押韵，下二句不押韵，文义似乎也不相连，此章或可分为（一）（二）两节。

（一）之意为道之动为反，道之用为弱。为押韵而将主语与宾语倒置。"反"字与第二十章中"远曰反"之"反"字、第十六章"万物并作，吾以观其复"中"复"字、第五十九章"早服"之"服"字意义相同。第四十一章中"进道若退"一句也与此句同义。"弱"与"柔弱""卑弱"之语多次出现在《老子》之中。此二句之意似乎可解释为：所有的现象皆出于"道"，又返归于道，有道者时常不忘返归于道。而不忘返归于道，体现在具体的修养法之上，即表现为守弱。

（二）与第三十九章中"一生二，二生三，三生万物"意义相同，第三十九章指"道"以数而言为"一"，而此章之中指以本质而言，"道"即为"无"。

第四十一章

（一）上士闻道，勤而行之；中士闻道，若存若亡；下士闻道，大而笑之。不笑不足以为道，故建言有之。（二）曰：明道若昧，进道若退，夷道若纇。（三）上德若谷，[大白若辱，]广德若不足，建德若偷，质真若渝，（四）

大方无隅，大器晚成，大音希声，大象无形。道隐无名，
夫唯道善贷且善成。

【考异】（一）"大而笑之"，现行王弼本及河上公本作"大
笑之"，但《牟子理惑论》《抱朴子·微旨篇》中"大"字之
下有"而"字。此四字与上文"勤而行之"一句相对，因此有"而"
字得当。傅奕本中上句与此句，"而"字均在句首，文字似乎
有所颠倒。范应元古本中上句作"懃而行之"，此句作"而大
笑之"，上句为正，而下句似乎沿袭傅奕本之误。

（二）之初"曰"字，现行王弼本与河上公本均无此字，
傅奕本及范应元本有之，范注称河上公本无"曰"字，但王弼、
孙登、阮咸本均有"曰"字，可见王弼真本中或许有"曰"字。"若
纇"，河上公本作"若类"。"纇"为不平之意，"夷"为平坦之意。
前文中"明昧""进退"相对，因此此句中"纇"也当与"夷"
字相对。河上公本中作"类"当为误字。"上德若谷"中"谷"
字，成玄英称一本作"俗"。永寿灵壶斋所藏敦煌本"谷"字
作"俗"。"俗"为"谷"字异体，作"俗"或许为此异体字之误。"大
白若辱"中"辱"字，傅奕本作"黥"。"辱"为"黥"字假借，
意为黑。"建德若偷"中"偷"字，河上公本作"揄"，傅奕
本作"媮"。《说文》中有"媮"字而无"偷"字，"媮"字即
为"偷"古字。王弼注文中有"偷匹也，建德者因物之自然，

不立不施，故若偷匹"一句，但其意不明。想来王注中"偷匹"或为"偷窃"之误。"窃"字简体为"窃"，或许由"窃"字误转写为"匹"。河上公注中注此字为"引"，可见此处经文或许当作"揄"。因此王本作"偷"，河上公本作"揄"，二者有所不同。"质真若渝"中"渝"字，傅奕本作"输"。此外"质真"中"真"字，河上本作"直"，并将其解释为质朴之人。但其下王弼注文中有"质真不矜其真"一句，且第五十章王弼注文中也有"不以欲渝其真"一句，可见王弼本作"真"字无误。"夫唯道善贷且善成"，河上公本及现行王弼本中"成"字之上无"善"字，但傅奕本有之。范应元所见王弼本中有"善"字，且由王弼注文可见其原文一定与傅奕本相同，今补之。

此章当与第二十五章合并分析。第二十五章称老子所谓"道"无法以言语名状，暂且将其命名为"道"，强行说明则可称其为"大"。但此章（一）中，称大道为无可名状之物，因此若非上士则无法理解其存在。道为无可名状之物，但上士能理解其内容，且勤而行之。至于中士，就算向其说明大道内容，对方也无法理解，因此半信半疑。至于下士，则将其视为大话谎言而人笑之。下士也能理解之道，就不是真正的大道。下士大笑之，方为真正之道。因此立言者说明大道如下文。

（二）大道为光辉之物，虽有光，但并不闪耀，因此看上去似为晦暗之所。为道之人将其损而又损，直至于无为，因此进道看上去像是后退。大道极为平坦，但看上去似乎凹凸不平。道之为物，包含了如此之多的矛盾，因此非上士不能理解其内容。

（三）能体会此大道的上德之人，并不自认有德，因此其心境空旷好似山谷。"太白若辱，广德若不足"二句，《庄子·寓言篇》将其视为老聃教杨朱之语，而作"太白若辱，盛德若不足"，与此处大致相同。但"太白若辱"四字在此处与上下文不连，有唐突之感，恐原本当在"大方无隅"一句之后。上文"进道若退，夷道若纇"二句，傅奕本与《后汉书·张衡传》注所引《老子》之文中每句顺序有所不同。由此可知此章中每句顺序未必固定不动。可以推测，现行本"太白若辱"一句位于此处，或许源于后人据《庄子·寓言篇》改订而成。（因此解释此句时，应当将其移至后文。）"广德"，《庄子》作"盛德"，《淮南子·说林训》作"大德"，意义均相同。意指大德之人看似无德，充实之物看似空虚。"建德若偷"一句，据王弼注文，其意为老子所谓立德者并不自立，仅因循自然而已，因此看上去与偷窃相似。"质真若渝"，指能体会道中真意之人，信道至笃永不改变，但看上去却好像极为多变。

（四）如上所述，道与得道之人，都包含了诸多矛盾，这是为何呢？这是因为道之为物极"大"，道可被称为"大白""大方""大器""大音""大象"。"大白"并非与"黑"相反之"白"，故称"大白若辱"。"大方"则无角落，"大器"并非一朝一夕可制作，"大音"为无法耳闻之声，"大象"并非眼目可见之形。道为无形无声之物，因此无法描绘其形状，只能称其为"无名"。此无名之道即为化育、生成万物之源。

第四十二章　第七十六章　第三十九章

「（一）人之生也柔弱，其死也坚强；草木之生也柔脆，其死也枯槁。故坚强者死之徒，柔弱者生之徒。是以兵强则灭，木强则折，强大处下，柔弱处上。」以上旧在第七十六章。

「（二）故贵以贱为本，高以下为基。是以侯王自谓孤、寡、不穀。是其以贱为本也。非与？」以上旧在第三十九章。

［（三）人之所恶，唯孤、寡、不穀，而王侯以自称也。］故物，或损之而益，或益之而损。人之所以教我，而我之所以教人。强梁者不得其死，吾将以为学父。

【考异】以上三节中，唯（三）是今本《老子》第四十二章之文。（一）为第七十六章之文。（二）为第三十九章之文。

（一）"草木"之上，现行《老子》多有"万物"二字，仅傅奕本无之。但泷川氏所藏旧钞河上公本栏外所引贾大隐《述义》中有"诸家本无万物字，与河上公本别"一句。由此观之，仅河上公本中有"万物"二字，王弼本及其他诸本或许无此二字。从下文"枯槁"二字来看，此处无"万物"二字更为得当。因此本书中将其删去。"坚强者死之徒"以下二句《淮南子·原道训》中作"柔弱者生之干也，而坚强者死之徒也"。"兵强则灭，木强则折"二句，道藏王弼本中作"兵强则不胜，木强则共"，《聚珍》本"共"字作"兵"。但《列子·黄帝篇》所引老聃之言，正如本书中所改。"灭"与"折"谐韵，因此"灭"字或许得当。盖今本乃依据河上公本校改而成，河上公本"折"字作"共"，或许源于篆字中"折"与"兵"字型相近，"折"误作"兵"，其后又将"兵"字误作"共"。又因"共"与"灭"字不押韵，故将"灭"改为"不胜"。

（二）"贵以贱为本"二句，旧钞河上本中两"以"字之上有"必"字。《淮南子·原道训》《群书治要》《意林》等书中所引此句，均有"必"字，且《淮南子·原道训》中"本"字作"号"。"不穀"，《景福碑》及旧钞河上本中均作"不穀"。古文中多有"穀""穀"通假之例，此处二字均可通。"是其以贱为本也。非与？"一句，现行王弼本作"此非以贱为本耶？非乎？"。此处乃据河上公本所改，今据范应元所见王本订正。

（三）"人之所以教我"以下二句，现行王弼本作"人之所教我，我亦教之"，此处乃据河上公本所改，今据范应元所引王本订正。据王弼注文也可见范应元所引王本为正。"学父"，河上公本作"教父"，但范应元本作"学父"。永寿灵斋所藏敦煌本及《夷夏论》所引此处也与范应元本相同。王弼原本或许也作"学父"。

上文将第四十二章、第七十六章、第三十九章相互补缀，连为一章。（一）（二）相连，源于《淮南子·原道训》将此二节内容连为一文，可见汉时所见《老子》当如上文所改。《淮南子》云：

> 故得道者志弱而事强，心虚而应当。所谓志弱而事强者，柔毳安静，藏于不敢，行于不能，恬然无虑，动不失时，与万物回周旋转，不为先唱，感而应之。是故贵者必以贱为号，而高者必以下为基。托小以包大，在中以制外，行柔而刚，用弱而强，转化推移，得一之道，而以少正多。所谓其事强者，遭变应卒，排患扞难，力

无不胜，敌无不凌，应化揆时，莫能害之。是故欲刚者，必以柔守之；欲强者，必以弱保之。积于柔则刚，积于弱则强。观其所积，以知祸福之乡。强胜不若己者，至于若己者而同；柔胜出于己者，其力不可量。"欲刚"以下，至于此处，《列子·黄帝篇》中将其视为粥子之语。故兵强则灭，木强则折，革固则裂，齿坚于舌而先之弊。是故柔弱者，生之干也；而坚强者，死之徒也；先唱者，穷之路也；后动者，达之原也。

以上《淮南子》将今本《老子》第七十六章、第三十九章连为一文，述"志弱事强"之说。由此观之，可见汉初《老子》中，此二章之文相连。退一步说，即使是《淮南子》作者将分开的二章连缀为一文，也可见汉初学者已认为此二章所述内容一致。而分析（三）内容，可见此节之初，小字所标示十六字，可视为（二）注释。且"强梁者"云云，与前二节之文相搭配，则文义完整。综合分析，则可想象（三）与（一）（二）之间关系紧密。故而本书将其合为一章，载于此处。但三节之中，唯有（一）为韵文，《列子·黄帝篇》将该部分引作老聃之语。因此或许唯有（一）为老聃之语，（二）（三）或为后人敷演之语。且据《说苑·敬慎篇》及《家语》所记，（三）中"强梁者不得其死"一句，为《黄帝·金人铭》之语。此节或为道家后学引用假托黄帝之语用以说明《老子》。

此章文义如下：

（一）人活着的时候柔弱，死后坚硬。草木活着的时候柔软，干枯后坚硬。可以说活物柔弱而死物坚强。军力强盛的国家好战而早亡，坚硬的树木为风折断。这也是因为柔弱为生之徒，坚强为死之徒。以树木为例，强大的部分，也就是根干，位于下方，柔弱的枝叶处于上方。因此欲强大则当自居于下。

（二）可称"贵以贱为本，高以下为基"。以侯王之高贵，却自称"孤""寡""不穀"，这正是因为以贱为本。

（三）世间之事，损将变为益，益反变为损。这正是老子所教我，而我教给后人之事。《黄帝铭》中有"强梁者不得其死"一文，这正是我处世的格言。

《金人铭》中有"强梁者不得其死，好胜者必遇其敌"一句。"强梁"为刚强跳梁之意，全句意为：自恃强大，跋扈跳梁之人，终将遭遇灾变而死，不得终其天命。"学父"为"斅父"简体，与"教父"同义。

第四十三章

（一）天下之至柔，驰骋天下之至坚。天下莫柔弱于水，而攻坚强者莫之能先。出于无有，入于无间，以其无以易之也。吾是以知无为之有益也。

［（二）不言之教，无为之益，天下希及之。］

【考异】（一）内小字所示部分，为第七十八章之文，但于彼章之内，与上下文不相连属。其内容似乎可视作本章注解，因此将其移至此处。

（二）当为第二章错简，于此处似为赘文。（参照第二章）"出于无有"中"出于"二字，不见于现行王弼本之中，但傅奕本及《淮南子·道应训》中有之。且此下王弼注文有"气无所不入，水无所不出于经"一句。"出于"二字，似乎为经文之辞误入注文之中。因此王弼原本或许也与傅奕本相同。"天下莫柔弱于水"七字，河上公本作"天下柔弱莫过于水"。"莫之能先"中"先"字，河上公本与《开元碑》作"胜"字，傅奕本与《景龙碑》作"先"。王弼本对此句无注，因此无法确认其原文为何字，但据河上公注文可知，河上公本作"胜"字，因此作"先"字者当为王弼本一系。"以其无以易之也"，世德堂刊河上公本无句首"以"字，旧钞本有之。王弼注文中先注"以"字,其次注"其"字,可见王本中也一定有"以"字。

《淮南子·原道训》云:"圣人守清道而抱雌节,因循应变,常后而不先。柔弱以静,舒安以定,攻大磨坚,莫能与之争。天下之物,莫柔弱于水,然而大不可极,深不可测,修极于无穷,远沦于无涯,息耗减益,通于不訾。……是谓至德。夫水所以能成其至德于天下者,以其淖溺润滑也。故老聃之言曰:'天下至柔,驰骋天下之至坚。出于无有,入于无间,吾是以知无为之有益。'"本书据此文将第七十八章内容移至此章。《淮南子》中,仅大字部分被视为老聃之语,小字部分并未言明其为老聃之语,由此可见小字部分或许为后人敷演解释之语。

此章当与第八章"上善若水"之语合并分析,道家常以水喻道。所谓"天下之至柔"即指水,水为无有,也就是无形之物,因此可浸入"无间"(指极为狭窄)之处。其能浸入"无间",源于其无固定形体。由水可知无为有其益处。

第四十四章

名与身孰亲?身与货孰多?得与亡孰病?是故甚爱必大费,多藏必厚亡。知足不辱,知止不殆,可以长久。

【考异】河上公本无"是故"二字,而傅奕本与王弼本有之。近代学者中有人认为此二字无意义,但《韩诗外传》卷九所引此章有"是故"二字,因此王弼本中有此二字,或许即为其原貌。此章每句,句中一字与句末一字押韵,当为古语。

"身""名""货",哪一个更贵重呢?自然是身体比名誉、财产更为贵重。而人们汲汲于名誉、财产。但得与失其实相同,因为过于吝啬将会招来意外的损失,从而因小失大。财产丰厚之人损失一定也大。因此有财产与无财产其实一样,名誉也与之相同。身体比名誉财产更为贵重,想要使身体长久,其要诀在于"知足"与"知止"二条。"知足"则可不被侮辱,"知止"则不必担心陷于危殆。

第四十五章

（一）大成若缺,其用不弊。大盈若冲,其用不穷。
（二）大直若诎,大巧若拙。大辩若讷,「其用不屈。」
[（三）躁胜寒,静胜热,清静为天下正。]

【考异】（一）"大盈",傅奕本、永寿灵斋藏敦煌本作"大满",范应元所见王弼本亦作"满"。第四章《释文》称"盈,一本作'满'"。可见陆德明所见版本中，或许既有作"盈"版本也有作"满"版本。但无论作何字，意义均无不同。此节每两句押韵。

（二）"若讪"，今本作"若屈"。傅奕本与《韩诗外传》引文中作"讪"。《韩诗外传》所引此节中第二句与第三句颠倒，且其后有"其用不屈"一句。想来《韩诗外传》引文或为此节古代原貌。此节"讪""拙""讷""屈"押韵。

（三）《韩诗外传》引文中无此一节，且文义也与上文不相连。姚姬传《老子章义》认为此节当为第五十七章错简。

（一）"大成"与"大盈"或许即指"道"。第二十五章称"有物混成，先天地生……吾不知其名，字之曰道，强为之名曰大"，其中"大"即为此章"大成"之意。第四章又有"道冲而用之或不盈"一文，即为此章中"大盈"。"道"包容万物却无形体，故称"大成若缺，其用不弊"。"道"充盈于天地之间，却貌似空虚（冲），且为万物之宗，故称"大盈若冲，其用不穷"。

（二）上文四句似乎叙述"道"之内容，而此四句言及人事。"直"与"讪"、"巧"与"拙"、"辩"与"讷"，常被认为是相反概念。但"人直"似于"讪"，"大巧"似于"拙"，"大辩"似于"讷"。因其"大"，所以看似"讪""拙""讷"，而其用无穷无尽。

第四十六章

［（一）天下有道，却走马以粪。天下无道，戎马生于郊。］

（二）祸莫大于不知足，咎莫大于欲得。故知足之足，常足矣。

【考异】（一）此节与后文无关，且《韩诗外传》引用第四十四章全部、第四十五章（一）与此章（二），并将其连为一段，但并无此章（一）。想来此章（一）或许为其他章节错简。姚姬传将其视为第五十七章之文。

（二）据《释文》所记，此节之初，河上公本有"罪莫大于多欲"一句，而王弼本无此句。由《韩非子·解老篇》可推测河上公本或许得当。但《韩诗外传》引文中，此句作"罪莫大于多欲，祸莫大于不知足"。可见河上本此节最初一句，或许为"咎莫大于欲得"之异文。"罪"与"咎"意义相近，"多欲"也与"欲得"同义。因此，此句意义与后文重复，不当出现于此节之首。

此章（二）详细解说第四十四章"知足知止"之教。《韩诗外传》连续引用以上二章，似乎大有深意。此处不必再对文义多加解释。

第四十七章

不出户知天下，不窥牖而知天道。其出弥远，其知弥少。是以圣人，不行而知，不见而名，不为而成。

【考异】"而知"二字，现行王弼本无"而"字，且下句"知"字作"见"。但王弼注文称"故不出户、窥牖，而可知也"，可见其原本当如本书所记。《淮南子·主术训》所记载此二句，也如本书所改。旧钞河上公本"而"字作"以"，傅奕本作"可以"二字。"而""以"二字相通，但傅奕本作"可以"，或为后人据王弼注文添"可"字而成。"不行而知"中"知"字，据毕沅所述，一本作"至"。"而名"，《韩非子·喻老篇》所引此文作"而明"。《鬼谷子·本经阴符篇》引文为：

不出户而知天下，不窥牖而见天道。不见而命，不行而至。

此或为此章古时原貌，"其出弥远"等二句，或为后人注释窜入经义，"不为而成"一句也与上句无关，或为衍文。"不行而至"与毕沅所述"一本"相符合。"命""名"音、义俱同，二字皆可通。

此章为鬼谷子所引,由此推测,此章或为《周书阴符》之语,而并非老子之言。由其思想也可见其当为术策家之言。

《淮南子·主术训》有一节解释此章之意,记其文如下:

> 人主深居隐处以避燥湿,闺门重袭以避奸贼,内不知闾里之情,外不知山泽之形,帷幕之外,目不能见十里之前,耳不能闻百步之外,天下之物无不通者,其灌输之者大,而斟酌之者众也。是故不出户而知天下,不窥牖而知天道。乘众人之智,则天下之不足有也。专用其心,则独身不能保也。

此为此章古时释义,据此释文可见此章之意为,君主治世,借众人之智,居深宫之内,却能知万事。

第四十八章

(一)为学者日益,为道者日损。损之又损之,以至于无为,无为则无不为。[(二)取天下常以无事,及其有事,不足以取天下。]

【考异】（一）现行王弼本"为学""为道"之下无"者"字，而傅奕本有"者"字。第二十章王弼注文所引此章之文有"者"字，可见王弼原本一定有"者"字。"无为则"中"则"字，河上公本作"而"字，现行王弼本与河上公本相同，但王注中有"故无为乃无所不为也"一句，"乃"字为解释"则"字，因此王弼原本或许当如傅奕本，作"则"字。"又损之"，现行王弼本与河上公本均无"之"字，但古书所引此文与傅奕本一致，今据此补之。

（二）说"无事"，与（一）说"无为"不相连。想来此节或为第五十七章之文，误窜于此章之中。

此章第一句，似为批判儒家劝学之说，进而提出为道之说。所谓"为道"，即为"无为"，"无为"即为去其人为，也就是"损之又损之"之意。如此去尽人为，因循自然，即为"无为"，若能"无为"，则自然之妙用便可显现。

此章全文不押韵，形成年代应当较晚。《庄子·知北游》引用此章，且将其假托为黄帝之语，由此推测，此章并非老聃之言，而为《黄帝书》之文。《黄帝书》也属道家之言，但形成年代稍晚于老聃之时。

第四十九章

圣人无常心，以百姓心为心。善者，吾善之；不善者，吾亦善之。[德善。]信者，吾信之；不信者，吾亦信之。[德信。]圣人在天下歙歙焉，为天下浑心焉，百姓皆注其耳目焉，圣人皆孩之。

【考异】"无常心"，《景龙碑》作"无心"。河上公注称"圣人贵因循，若自无心"，成玄英疏亦称"圣人无心，有感斯应"。可见河上公本似无"常"字。陆氏《释文》并未言及王弼本与河上公本之异同。因此王本或许也无"常"字。今诸本均有"常"字，此或许源于"以百姓心为心"一句之下，王弼注有"动常因也"，注文中"常"字误入经文。

"德善"与"德信"之句，旧钞河上公本与傅奕本中句末有"矣"字，傅奕本"德"字作"得"。《景龙碑》也作"得"，但句末无"矣"字。可以推测，此二句或为古时注文窜入经文，而"德"与"得"古字通用。"圣人之在天下"，现行王本、河上公本均无"之"字，但傅奕本有"之"字。据王弼注文可见，其原文或有"之"字，今据此补之。且据王注可见"在"字作"于"字，但现行诸本均作"在"，因此本书中也不加修改。"歙歙焉，为天下浑心焉"一句，现行王弼本无二"焉"字，且"浑心"作"浑其心"。但本书中据王弼注文所引经文订正其文如前。范应元所见王本正如本书所改，可见其或为王弼本原貌。河上公本"歙歙"作"怵怵"，敦煌无注本作"惵"，且"浑"作"混"。"百姓皆注其耳目"，武英殿本王本无此七字，但明和本有之。王弼注也有"百姓各皆注其耳目焉，吾皆孩之而已"一文，可见王弼原文当有此七字。"孩"字，《释文》称其为"咳"，"咳"与"孩"字为今古文之异。

河上公本将此章命名为"任德章"，章名与内容相符。圣人无固、无我、无心，仅因循自然而已。换言之，仅任由自然所赋之德发展而已。所谓无心而因循自然，可进一步解释为抛弃个人主张，顺从天下普遍意志。善者，固然当视其为善，但也当包容不善，同等对待善者与不善者，则可在不知不觉间将不善者感化于德中。信者，固然当信之，但对于不信者，也应一视同仁。则不信者也可自然感化为信者。圣人之治天下，歙歙焉，混同天下之善恶信伪，对其一视同仁。据王弼注，"歙歙焉"形容"无心"之貌。百姓皆以其耳目审视圣人，但圣人对善恶信伪一视同仁，使其自然感化。盖善恶信伪之别，其标准取决于人类的目的，从自然的视角出发，善恶信伪，实为一致。因此圣人之治，灭弃善恶信伪之别，以无心临天下。

全章不押韵，可见当为后世之文，而并非老聃本人之言。

第五十章

（一）出生入死。（二）生之徒十有三，死之徒十有三。而民之生生而动，动皆之死地，亦十有三。夫何故？以其生生之厚。（三）盖闻善摄生者，陆行不遇兕虎，入军不被甲兵，兕无所投其角，虎无所错其爪，兵无所容其刃。夫何故？以其无死地。

【考异】（二）"民之生生而动"等三句，道藏王弼本作"人之生，动之死地，十有三"。《韩非子·解老篇》如今所改订，傅奕本也与之相同。王弼注文中有"而民之生生之厚，更之无生之地焉"，可见王弼原本或许也与傅奕本、《解老篇》相同。

（三）"不被"中"被"字，武英殿本作"避"，但他本均作"被"，《释文》也标出"被"字，可见武英殿本或有误。"错"字，现行王弼本作"措"，但《解老篇》与《释文》均作"错"，可见王弼原本或许也为"错"，"错"为"措"字假借，直至河上公本才将其改为正字。"夫何故"之下，圣语藏本有"哉"字，但《韩非子》中无此字。

（一）"出生入死"四字，总括全章之意。其意或为：人之所求皆为生，但实际上也有离生而入死之人。

（二）"生之徒，死之徒"，由旧本《老子》第七十八章"坚强者死之徒，柔弱者生之徒"一句推测，或为"柔弱者"与"坚强者"之意。即此节之意为：守柔弱者，十中有三人，此为生之徒。求坚强者，十中有三人，此为死之徒。人皆求生避死，但实际上，欲求其生反入死地之人，十中有三。此为何故，盖求生过于急切之故耳。

（三）真正善于保生之人，行于陆地不逢兕虎之害，入于军阵不遇兵戈之厄。因其不强求生，不逼迫兕虎，因此兕虎也无所用其爪角。不强求生，不挑起战争，因此兵戈也无所用其锋刃。不受兕虎、兵戈之害，源于其人能常守柔弱、避坚强，从而不入死地。《淮南子·精神训》云："夫人之所以不能终其寿命，而中道夭于刑戮者，何也？以其生生之厚。夫惟能无以生为者，则所以修得生也。"其内容全为解释本章之意。《韩非子·解老篇》与河上公注将此章之意解释为养生术，其说不可信。整体而言，此章之文不押韵，或许并非老聃之言，或属养生家之言。但与第七十六章对照，则可见其意当如以上所释。

第五十一章

（一）道生之，德畜之，物形之，势成之。[（二）是以万物莫不尊道而贵德。道之尊，德之贵，夫莫之命，常自然。]（三）故道生之，德畜之：长之，育之，亭之，毒之，盖之，覆之。生而不有，为而不恃，长而不宰，是谓玄德。

【考异】（一）"势"字，灵壶斋本作"熟"，他本均作"势"。

（二）"莫之命"下方，今本王注有"命并作爵"四字。但此四字或许并非王弼所注，而是后人校勘他本时所注异文，后被误认为王弼所注。傅奕本、范应元本及灵壶斋本中，"命"字作"爵"，但据河上公注文，可见其经文当作"命"。作"爵"者，或许为王弼本所记。

（三）"亭之，毒之"，河上公本作"成之，熟之"，但傅奕本、范应元本作"亭之，毒之"，第一章王弼注所引此章之文以及《初学记》卷九、《文选·辨命论》注所引王本也与傅奕本相同，因此"亭""毒"二字，或许源于王弼本所记。"盖之"中"盖"字，河上公本作"养"，现行王弼本也与河上公本相同。现行王本作"养"，或为据河上公本校订而成。"养"字或为"盖"字之误。

（一）道生之、德养之，此时万物皆显现其特有之形，因自然之势，成就其特质。

（二）万物皆尊道贵德。道之尊、德之贵，源于道、德不被他者所命令，自然化育万物。

（三）道者，生畜、长育、亭毒、盖覆万物，生万物而不将其视为己有。行非常之事，却不自居有功。长育万物却不自认为自己是主宰者。因此可称之为玄德。

此章（一）（三）为韵文，但（二）不押韵。因此（二）或为后人所添。想来此章古时原貌当为（一）与（三）直接相连，（三）句首"故"字，或许为后人添加（二）内容时，误入原文之中。第十章中有一段与此章(三)几乎一致，于彼章中作"生之，畜之，生而不有"云云，"生之"之上无"道"字，"畜之"之上无"德"字，其下又无"长之……覆之"等句。想来第十章此文或为此章(三)之异文，而此章(三)中"故""道""德"三字或为衍文。

此章当与《诗经》中《蓼莪》之诗合并分析。

父兮生我，母兮鞠我。拊我畜我，长我育我。顾我复我，出入腹我。欲报之德，昊天罔极。

　　此诗中"生、鞠、长、育"与《老子》此章"生、畜、长、育"意义相同。"鞠"或"畜"意为"养"。"长"为"长遂"之意,"育"为"覆育"之意。如培植草木,培其根使其成长,覆盖其枝叶使其发育。"亭之,毒之"四字,现行王弼本中无注解,但《初学记》卷九与《文选·辨命论》注所引王弼注,有"亭谓品其形,毒谓成其质"一句。此句似为解释上文"物形之,势成之"之意。"亭""毒"二字,王弼似乎并无解释之意。陆氏《释文》称,"毒"字一本作"育",但上文已出现"育"字,可见《释文》所谓"一本"所记或许有误。《庄子·人间世》有"无门无毒"一文,崔譔本《庄子》称"毒"字作"每",而"育"字也作"毓",《释文》所谓"一本作'育'",或许源于"毒"字作"每",后转写为"毓",又被改为"育"字。"亭"字,《说文》云:"亭有楼,从高省,丁声。"原指眺望楼一类建筑,作视察敌情之用,但后转为"安定"之意。"毒"为"壔"借字,《说文》云:"壔,保也,高土也……读若毒。"盖"壔"与后世"堡垒"相当,指高筑泥土以防御敌人。"毒"与"堡"字同义,经文中或许当作"保安"之意。可见"亭之,毒之"一句,当解释为"使之安定,将其保护起来",与《诗经》中"拊我畜我"之意相似。"盖之,覆之",与王弼注中"各得其庇荫,不伤其体"之意相当。

第五十二章

（一）天下有始，可以为天下母。既得其母，以知其子；既知其子，复守其母，殁身不殆。

（二）塞其兑，闭其门。［终身不勤。开其兑，济其事，终身不救。］
［见小曰明，守柔曰强。］

「（三）挫其锐，解其忿，和其光，同其尘，是谓玄同。」
以上五句十六字旧在第五十六章。

「（四）知和曰常，知常曰明，益生曰祥，心使气曰强。」
以上四句十七字旧在第五十五章。

（五）用其光，复归其明，无遗身殃，是为袭常。

【考异】（一）采用傅奕本所记。河上公本"始"字之下无"可"字，"得"字作"知"，"母"字之下"以"字作"复"，"殁"字作"没"。道藏王弼本与河上公本相同，但熟读王弼注文，则可推测其原文或许与傅奕本所记相同。

（二）初二句亦可见于第五十六章，于彼章之中此二句直接与（三）相连。（二）（三）以"门""忿""尘"押韵，由此推测第五十六章之文或为《老子》原貌，"终身不勤"以下四句，或为后人之语，由"塞其兑，闭其门"敷演而成。"见小曰明，守柔曰强"二句与前后文不相连，且《韩非子·喻老篇》

也将此二句独立引用，因此该二句或许不应置于此章之中。

（三）亦为第五十六章之文，但于彼章之中与上下文意义不连。第五十六章中，此章（二）初二句重出于（三）之上，可见（三）之文当置于此处。

（四）为第五十五章之语，但《淮南子·道应训》引此四句，其下有"是故用其光，复归其明也"一句。而"用其光"云云，为此章末节之语，可见《道应训》作者所见《老子》中，（四）当位于此章之中。此外《文子·下德篇》有"知和曰常，知常曰明，益生曰祥，心使气曰强，是谓玄同。用其光，复归其明"一段，此文本基于《淮南子》，但比《淮南子》多出"是谓玄同"四字。此四字在（三）"和其光，同其尘"之后，且如前文所述，（三）内容当移至此章，可见《文子》引文似乎也暗示了此章（三）（四）的关系。据此，经文试将此章整理如前。旧本之中（二）与（五）相连，（二）中"见小曰明"一文似乎与（五）"复归其明"有关联，由此似乎也可推论（二）（五）应当相连。据本书所订正，（五）"用其光"一句，与（三）"和其光"相对；"复归其明"与（四）"知常曰明"相对；"是谓袭常"与（四）"知和曰常"相对。（四）中"知和"似乎与"和光"有关，（五）"是谓袭常"一句，与（三）"是谓玄同"相对。此外，（五）"用其光"之上，天文钞河上公本与泷川本中有"目"字，而其他诸本均无此字。"目"字恐为后人据河上公注义所加。"袭常"，河上公本作"习常"，傅奕本作"袭常"。现行王弼本与河上公本一致，但此章第一节王弼注文与傅奕本相合，由此推测，此处傅奕本或许也存有王本原貌。"袭""习"同音，古代通用。《周礼·胥师》注文云"故书'袭'为'习'"，《尚书正义》云"习，袭也"，此为二字通用之例证。

（一）"天下母"指道。第二十五章"有物混成……可以为天下之母……字之曰道"，为此释义之证据。"天下"即为万物，道为生万物之源，因此可称之为"天下母"。若能体认万物之母（道），则自然易知其子（万物）的存在。而若能知其子（万物），且守其母（道），则终身无不安之事。

那么怎样才能守其母呢？（二）（三）之中有所说明。

（二）"塞其兑，闭其门"，"兑"为耳目等感觉器官，"门"指口。此二句之意或许为闭塞感觉器官，且闭口不言。

（三）"挫其锐"指抑制情欲，"解其忿"指阻止愤怒，"和其光，同其尘"指隐藏独见之才智，与凡俗保持一致。不放任感官，不放纵情感，隐藏智慧，同于凡俗，可称之为"玄同"，此为守其母之法。

（四）为何"玄同"能成为守其母之法呢？"玄同"即为"和光同尘"，"知和"即为"常"（恒久之道），"知常"可称为"明"。"益生曰祥"中"祥"字与"戕"同音，"心使气曰

强"中"强"字为"僵"字假借，此二句与（二）中"开其
兑，济其事，终身不救"相对应，此二句于此处并非必要之语，
或为后人附益之文。"其光"，即为智慧，包藏于内，而不泄
露于外，柔和"其光"，由此复归于明，理解"常道"，则可
以躲避灾殃，无有忧患。因此，柔和"其光"复归其明，为
入"常道"之道。"袭"字于此处，当解释为进入。

第五十三章

　　使我介然有知，行于大道，唯施是畏。大道甚夷，
而民好径。朝甚除，［田甚芜，仓甚虚。］服文采，带利剑，
厌饮食，而资货有余，是谓盗夸。非道也哉！

【考异】"田甚芜，仓甚虚"，恐为古时注文，后窜入经文。
《韩非子·解老篇》解释此章，称"书之所谓大道也者，端道
也；所谓［貌］施也者，邪道也。所谓径［大］也者，佳丽
也。佳丽［也者］，邪道之分也。朝甚除也者，狱讼繁也。狱
讼繁则田荒，田荒则府仓虚，府仓虚则国贫，国贫而民俗淫
侈，民俗淫侈则衣食之业绝，衣食之业绝则民不得无饰巧诈，
饰巧诈则知采文，知采文之谓服文采，狱讼繁，仓廪虚，而

有以淫侈为俗则国之伤也。若以利剑刺之。故曰：'带利剑。'"云云。此释文中，可视为《老子》经文者，仅加点部分而已。"田荒则府仓虚"等字，似为敷演解释之文。因此，现行《老子》经文中"田甚芜，仓甚虚"一句，或许源于《韩非子》解释之文误窜入经文。据一般通说，"朝甚除，田甚芜，仓甚虚"，以"除""芜""虚"三字押韵。但若以此分析，下文"服文采"等句则韵脚混乱。我认为，"朝甚除""服文采""带利剑""厌饮食"四句，可视为一节，"采""食"二字隔句押韵。因此，本书将"田甚芜，仓甚虚"以小字标示，将其视为注文。"而资货"三字，从于《韩非子·解老篇》之文。诸本多作"财货"，范应元本作"货财"，《次解》本作"资货"。无论信从任何版本，意义均无改变，但《解老篇》中有"而"字，似乎更为得当。"盗夸"，《解老篇》作"盗竿"，诸本皆作"盗夸"，《次解》本作"盗誇"。"誇"为"夸"字假借。

有学者认为，此章初十字，可在"知"字之后加点，将其分为二句。但王弼将此十字视为一句。"介然"，《荀子·修身篇》有"善在身介然"一句，注文称其为坚固之貌。此处或许指自信之貌。相信自己，将自己置于向天下传播、推行大道的地位，希望使人民畏惧邪行。"施"为"迤"字假借，意为邪行。大道极为平坦，但常人总远离大道而爱走小路。世上君主往往横征暴敛，以供养自身的奢侈生活。时时清洁（除）宫室（朝），穿着华美的衣服，佩戴名贵的宝剑，饱餍于美食，且拥有巨额财产，此即为所谓"盗夸"之事。"夸"为奢侈之意，"盗夸"指行偷盗之事而奢侈度日。"盗夸"完全背离于大道，因此并非自己所愿。

第五十四章

（一）善建者不拔，善抱者不脱，子孙以祭祀不辍。修之于身，其德乃真；修之于家，其德乃余；修之于乡，其德乃长；修之于邦，其德乃丰；修之于天下，其德乃普。

（二）故以身观身，以家观家，以乡观乡，以邦观邦，以天下观天下。吾何以知天下然哉？以此。

【考异】（一）"子孙以祭祀不辍"，傅奕本无"以"字，《韩非子·喻老篇》作"子孙以其祭祀，世世不辍"。《喻老篇》中"其"字，或为"共"字之误。据王弼注文，可见其原文当如以上所记。"邦"，诸本作"国"，《喻老篇》与傅奕本作"邦"，"邦"与下文"丰"字押韵，可见作"邦"得当。"邦"为汉高祖之名，此处或为汉代人为避讳而改。古书中有此例，如《管子·牧民篇》有"毋曰不同国，远者不从"，"国"与"从"字不押韵，若改为"邦"则押韵，此为一例。《景龙碑》及世德堂本中，"祭祀"之上无"以"字，但旧钞河上公本有之。《次解》本无二"者"字，无"以"字，"天下"之上无"于"字，"乃"皆作"能"字。唯有"其德乃余"中"乃"字作"有"。

（二）傅奕本此节末句作"吾奚以知天下之然哉？以此"。

（一）因循于道、建立德行、安定心境之人，能不为外物所诱，不为情欲所动。此即所谓"不拔""不脱"。以道守家，其家便可代代不绝，从而使子孙代代祭祀不绝。以道修身，则可使德行真实；以道修家，则可使其家富裕；以道修国，则可使其国丰裕；以道修天下，则可使大道周行于天下。

（二）上节为韵文，但此节不押韵。而《管子·牧民篇》中，有与此节类似之文。可以推测，此节或许形成于道家思想流入齐国之时，也就是孟子之后。此节当为比附上节之文。其文义承接上文，指修身之人能看见大道及身的效果，修家之人能看见大道及家的结果，修乡、国、天下之人也能看见大道至乡、至国、至天下的结果。我之所以知道，当以道修天下，是因为我能看见以道修身、家、乡、国、天下的结果。

第五十五章

（一）含德之厚，［比于赤子。］毒虫不螫，猛兽不据，攫鸟不搏。

（二）骨弱筋柔而握固，未知牝牡之合而全作。［精之至也。］终日号而不嗄。［和之至也。］

［（三）知和曰常，知常曰明，益生曰祥，心使气曰强。］

［（四）物壮则老，谓之不道，不道早已。］

【考异】（一）傅奕本"厚"字之下有"者"字，其下四字作"比之于赤子也"。范应元本与傅奕本相比仅少一"之"字。"毒虫"二字，据《释文》所记，王本作"蜂虿蛇虺"，但王弼注文有"毒虫之物无犯之也"一句，可见王弼原本一定作"毒虫"。河上公本中经文也与之相同，其注文中有"蜂虿蛇虺不螫也"一句，由此观之，现行王弼本或为据河上公注校改而成。傅奕本称"蜂虿不螫"，范应元本作"蜂虿蛇虺不螫"，此二本之异为王本与河上公本差异形成之后，各自取舍不同所致。

（二）"全"字，据《释文》可见，河上公本作"朘"或作"脧"，但我所见旧钞本均作"朘"。"朘"或作"脧"字，《玉篇》云"赤子陰也"，与"全"字意义不相通。俞樾认为，"全"为"朘"字之误，该字为"陰"之意。据此可知河、王二本关系，同时俞樾对此字的解释也很合理。"不嗄",傅奕本作"嗌不嗀"。俞樾认为,"嗀"为"嗄"字异体,并依据扬雄《太玄经》主张,汉代《老子》中此字作"嗄"。《庄子·庚桑楚篇》云:"儿子终日嗥而嗌不嗄,和之至也;终日握而手不挽,共其德也;终日视而目不瞚,偏不在外也。"与此章相似,傅奕本中"嗌"字或许即依据《庄子》此文所添。此章(一)(二),若删除括号内数句,则全文为韵文,有此数句则韵脚混乱。想来此数句无韵之文或为依据《庄子》所添。

(三)当移至第五十二章,(四)与第三十章重复,此处不再赘述。

(一)删去"比于赤子"四字,则此节四句押韵。此节解释说明"德之厚",指有德之人不被虫、兽、猛禽加害。与第五十章"盖闻善摄生者,陆行不遇兕虎"一文意义相同。

(二)与《庄子·庚桑楚篇》关系很深,《庄子》中将与此节类似之文称为"卫生之经"。由此可知,此节所述或许为卫生之道,当取材于古籍所载。据《庄子》可知,(二)之初或许有"儿子"或"赤子"二字。赤子筋骨柔弱,手掌却可紧握,未知男女之事,阴茎却可勃起,终日号哭声音却不沙哑。

第五十六章

（一）知者不言，言者不知。

（二）塞其兑，闭其门，挫其锐，解其忿，和其光，同其尘，是谓玄同。

（三）故不可得而亲，不可得而疏；不可得而利，不可得而害；不可得而贵，不可得而贱。故为天下贵。

【考异】（一）傅奕本此两句末尾有"也"字。

（二）"解其忿"中"忿"字，河上公本作"纷"，《景龙碑》与道藏《次解》本作"忿"。现行王弼本作"分"，王弼于其下注有"除争原也"，因此"分"字或许为"忿"字变形而成。

（三）之初，傅奕本与圣语藏河上公本无"故"字，"亲利"及"贵"字之下有"亦"字。范应元本也与傅奕本相同，范注称河上公本与范本相同，但未称与王弼本相同，因此本书此节从道藏王弼本。

河上公本将此章命名为"玄德章"，并将其视为一章。但根据《庄子·知北游篇》，可见此章（一）或许为第二章错简，（三）为无韵之文，或为后人所附益，或当置于第五十一章，与（二）相连。

（二）初二句六字亦在第五十二章，其下四句亦可见于第四章，此处不再说明。但此章中"门""忿""尘"押韵，因此此节形成时代最古，第四章与第五十二章或许为敷演此语之文。

第五十七章

「（一）躁胜寒，静胜热，清静为天下正。」以上旧在第四十五章。

（二）以正治国，以奇用兵，以无事取天下。

「（三）取天下常以无事，及其有事，不足以取天下。」以上旧在第四十八章。

（四）吾何以知其然哉？以此。

「（五）天下有道，却走马以粪。天下无道，戎马生于郊。」以上旧在第四十六章。

（六）天下多忌讳，而民弥贫；民多利器，而国家滋昏；民多智慧，而奇物滋起；法令滋彰，而盗贼多有。故圣人云：我无为而民自化，我好静而民自正，我无事而民自富，我无欲而民自朴。

（七）其政闷闷，其民淳淳；其政察察，其民缺缺。

以上旧在第五十八章。

【考异】（一）原在旧本第四十五章末尾，今从姚姬传之说将其移至此处。"躁胜寒"三字，《景龙碑》作"躁胜塞"，恐有误。"清静"二字，《文选·解嘲》注所引《老子》作"知清知静"四字，傅奕本作"知清靖"，范应元本作"以知清静"。据王弼注文可知王本原貌或许与本书所记相同。《史记·自叙传》有"李耳无为自化，清静自正"，或许也节选自此句。

（二）"正"字，傅奕本作"政"。"政"与"正"字古时多通用。

（三）旧在第四十八章，今据马叙伦之说移至此处。

（四）"何以"二字，傅奕本作"奚"。

（五）旧在第四十六章，今从姚姬传之说移至此处。姚氏主张将其移至此处，其理由为此数句于彼章中与上下文不相连，且（六）初句，与"粪""贫""昏"押韵。"粪"字，傅奕本作"播"，但"粪"与"播"字同音，因此或有通用。且元代吴澄称"粪"字之下当有"车"字。但《淮南子》《文选注》等所引《老子》无"车"字。添加"车"字许源于误读《文子》之文。

（六）"民多智慧而邪事滋起"一句，河上公本作"人多伎巧奇物滋起"，现行王弼本也与河上公本相同。但范应元所见王本此处如本书中所改。王弼注文中有"民多智慧则巧伪生，

巧伪生则邪事起"一文，因此范应元本当为王本原貌，现行
王本此处据河上公本有所改订。"法令"，河上公本作"法物"，
但《史记》引文中作"法令"，因此王弼作"法令"当为古时
原貌。（六）与（七）中"民"字，诸本或作"人"，或为避
唐太宗名讳。

（七）"闷闷""淳淳""察察""缺缺"，河上公本"淳"
字作"醇"，傅奕本作"闵闵""偆偆""詧詧""缺缺"。"淳""醇"
相通。旧本此节原在第五十八章之处，当移至此处。

旧本第五十七章之文仅为（二）（四）（六）三节，其余
数节均自其他章节移动而来。如此改定之文未必全如古时原
貌，但我自觉较旧本更显条理分明。自（一）至（四）之文，
与（五）以下之文当分为二章。正如俞樾所言，如（四）之
文例，于《老子》中往往置于章节之末。因此，自（一）至（四）
当作一段，（五）至（七）别为一段。

（一）即使是寒冷之时，若内心急躁，则可压倒寒意，自
然温暖。炎热之时，内心宁静，则可战胜酷暑，感到清凉。
也就是说，人的内心状态可以左右外界状态，因此老庄之徒
以清静为天下之正道。所谓"大下之静"，与（六）中"我好
静而民自正"同义。治理天下当以正道，即以清静。唯有在
战场，才当用奇道。因此当以"无事"取得天下民心。

（四）凡得天下民心者，往往以"无事"得之。有意为事，则一定招致失败。吾何以知此，以清静为天下正道而知之。（以上一段，此段中韵文仅有"清静为天下正"一句，大概此段为后人所添之文。）

（五）天下大治之时，军马用于耕作（"粪"或为"播"字假借，为播种之意）。战乱之世，军马出于郊外而不归，产子于郊野。

（六）人主不从无为之道，颁布种种禁令，拘束民生，则人民将逐渐贫困。人民多备兵器则国家早已昏乱（"利器"为兵器之意）。人民多智慧，则有悖于自然之道，滋生种种技巧，致使邪事横生。法令愈严，则犯法盗贼愈多。因此圣人以无为化民，守静以导民入正道，不为不必之事，节约财用，以无欲导民于质朴。

（七）要言之，政治不失之急躁，则民众归于质朴，操之过急则人民失望。此一段"粪""贫"韵，"起""有"韵，"为""化"韵，"静""正"韵，"事""富"韵，"欲""朴"韵，"闷""淳"韵，"察""缺"韵，全文押韵，故或为古道家之言。

第五十八章

（一）祸兮福之所倚，福兮祸之所伏。孰知其极？〔其无正？正复为奇，善复为妖。] 人之迷，其日固久。（二）是以圣人方而不割，廉而不刿，直而不肆，光而不耀。

【考异】旧本（一）之前有前章第（七）节，今移至前章，此处略去。

（一）"其无正"之下，傅奕本与范应元本有"邪"字，王弼本与河上公本无此字。"其无正"等十一字，或为古时注文。据《韩非子·解老篇》所载，"祸兮"一句之下有"以成其功也"一句，此句或许也为古时注文。由此可想象此章中有古注窜入经文。此十一字可认其为注文，故以小字标注。此节以"伏""极""久"字押韵，但有此数句则韵脚混乱。

（二）"不刿"之"刿"字，河上公本作"害"。王弼注文中，"刿"字为伤害之意。此处河上公本或许是依据其字义，改订经文。《淮南子·道应训》引文也与王本相同，可证王本为古时原貌。"耀"字，《释文》作女字旁，现行王弼本作火字旁，但第四十一章注文所引此字作光字旁，而河上公本作"曜"，四字意义皆同，但《韩非子·解老篇》中此字也作"耀"，因此本书信从于第四十一章注文所引王本。

（一）"祸"与"福"看似正相反，但实为一体之两面，祸后有福，福中藏祸。因此并无标准可区别祸福。人们惧祸而好福，这正是人们执迷之处。

（二）不仅是"祸"与"福"，如"正"与"邪"，"善"与"妖"，也为相反概念，但实际也为一体两面。因此仅取其中一面而排斥另一面，则有悖于自然。因此，圣人常重混厚之德，不执着于一面。也就是说，圣人贵方正，但裁割自然并不能使其方正。（第四十一章所载"大方无隅"即为此意。）圣人端方，有锐利之处，但不伤害自然以显示其锐利。笔直之物，往往多延伸，但圣人推崇"直"却不任意延伸（肆）。（第四十五章所称"大直若屈"即为此意。）圣人有其光辉，却内藏其光，并不炫示。即所谓"和其光，同其尘"。

第五十九章

（一）治民事天莫如啬。夫唯啬，是以早复。早复谓之重积德，重积德则无不克，无不克则莫知其极，莫知其极，可以有国。有国之母，可以长久。[（二）是谓深根固柢，长生久视之道。]

【考异】（一）"治民"之"民"字，"如啬"之"如"字，河上公本作"人""若"。现行王本据河上公本校改，但据其注文，可知其原文当如本书所记。"是以早复",河上公本、傅奕本及《解老篇》作"早服",现行王本亦作"早服",但《释文》作"早复",范应元《集解》称"王弼、孙登及世本作'早复'"。王弼注文称"早复常也"(今本"复"误作"误"),此处似为据第十六章"复命曰常"所注。因此王本原作"早复"无误。今本此处或为据河上公本校订而成。"是以"二字,诸本作"是谓",但此二字与"夫唯"相对,故当从《韩非子》及傅奕本作"是以"。"克"字,河上公本作"剋"。

此章(一)全文为韵文,似为古道家之言。但(二)中二句为神仙养生家之说,或为神仙家诵传老子之言时所加。

《晏子春秋·问下》中区别"啬""吝""爱"三字如下:"称财多寡而节用之,富无金藏,贫不假贷,谓之啬。积多不能分人,而厚自养,谓之吝。不能分人,又不能自养,谓之爱。"以此文作本章"啬"字注脚,该解释能够成立。此章大意为,君主事天治民之时,应当观其实力、财力之多寡以节用。

"啬"为节用,但主观而言即为制欲之事。制欲直至无欲,即为第十六章所言"致虚",也就是复命之工夫。此处称之为"夫唯啬是谓早复"。所谓"早复"意为尽早回复性命之原。回复性命之原,在《老子》文中为积德之事,助长自然之德,故加一"重"字,称之为"重积德"。积累德行则万事无所不能,万事皆能，则人不知君主德行之极致。国民认为君主德行无所穷尽，则君主能拥有其国。有国之道，能使其国长存。（"母"为道之意。）

以上均为韵文，且文章脉络贯通，（二）或为神仙家言。（一）述治国之道，（二）则为长生之道。

第六十章

> 治大国若烹小鲜。以道莅天下，其鬼不神；非其鬼不神，其神不伤人；非其神不伤人，圣人亦不伤人。夫两不相伤，故德交归焉。

【考异】"烹小鲜"，范应元本作"亨小鳞"。《景龙碑》"亨"字下方无四点水，"鲜"字不作"鳞"，《释文》有"亨，普庚反，不当加火"一句，因此王弼本原作"亨"字无误。"鳞"字之下，"神""人"押韵，《释文》也称"鲜，音仙"，古时此字似乎已作"鲜"。"莅天下"，《释文》称"莅，古无此字"，《说文》作"隶"，《淮南子·俶真训》注引文中亦作"隶天下"。可以推测，东汉以前"莅"字或许作"隶"，但王本与河上公本均作"莅"。《韩非子·解老篇》所引《老子》，"国"字之下有"者"字，

"非其鬼不神"及"其神不伤人"之下有"也"字,"亦不伤人"中"人"字作"民","故"字作"则"。

治大国当以静虚为要旨,避免躁扰。如烹饪小鱼,多加翻扰,必使鱼肉破碎,尽量不加扰动,才能烹得其法,治国也与之相同。若君主以自然之道治天下,民众并不有心为善,则鬼神也不能显其神验,无法降福于天下,而民众不为恶,则鬼神也不能降灾祸于民。不仅鬼神不能害民,圣人也不能设刑法以加罪于民。鬼神、圣人均不能加害于民,则神圣之德广行于天下。此可谓真政治也。

《韩非子》中,此一章完全被解释为法家之言,审其文辞,形成年代当相对较晚,因此或许并非老子之言。

第六十一章

大国下流,天下之交,天下之牝。牝常以静胜牡,以其静故能为下也。故大国以下小国,则取小国;小国以下大国,则取大国。故或下以取,或下而取。大国不过欲兼畜人,小国不过欲入事人。各得其所欲,大者宜为下。

【考异】"大国下流"，傅奕本作"大国者天下之下流"，王弼本与河上公本无"天下之"三字。"天下之交"，范应元本作"天下之所交也"，王、河二本如本书所记。"牝常"，以下二句《景龙碑》作"牡常以静胜，牝以静为下"，恐有误。"以其静故能为下也"八字，现行王本仅作"以静为下"四字，恐为据河上公本校订而成。王弼注文中有"以其静故能为下也，牝雌也"云云，此注上八字为王弼原文之经文，现行本误认其为注文，又据河上公本补其经文。傅奕本此句作"以其靖故为下"，似乎从于王本，但脱落"能"字。"各得其所欲"之上，现行王、河二本有"夫两者"三字，《景龙碑》作"此两者"。但旧钞河上公本无此数字，此处王弼注文中也有"各得其所欲，则大者宜为下也"一文，比本书所记多出"则"与"也"字，但似乎没有"夫两者"三字，因此今将其删去。

此章初二句，当理解为大国流于下方，则可成为天下之交、天下之牝。正如江海流于下，故能为众流之所归，大国自居于下，不自骄，不自高，则可为天下小国之所归服，能不战而收其功。"天下之交"，意为天下交会之所。"牝"为不争而胜之意。"牝常"一句，解释"牝"字之意。"牝"常持静之德，因此胜过牡之躁。因"牝"能守静居下，故能胜之。要言之，守卑下为第一义。因此作为大国，对小国谦虚，不自傲，则能得小国之欢心。作为小国，对大国保持谦下，则能被大国容纳。凡大国，均希望能多养育人民。唯有修卑下之道，得小国之归服，才能实现这一目的。而小国总希望能侍奉大国，以求平安。这一目的，也唯有通过守卑下之道才能实现。因此，唯有通过自居于下，才能使大国、小国各自达成目的，尤其是大国，当以卑下为要旨。

此章全文不押韵，恐为后人之文，并非老聃之言。自居卑下这一论调似乎本诸老聃之说，但老聃被称为隐君子，而本章以卑下为国家安全之计，不似隐君子之言。

第六十二章

（一）道者万物之奥。善人之所宝，不善人之所保。[美言可以市，尊行可以加人。]人之不善，何弃之有！

（二）故立天子，置三公，虽有拱璧以先驷马，不如坐进此道。古之所以贵此道者何？不曰以求得，有罪以免邪？故为天下贵。

【考异】（一）傅奕本"奥"字之下有"也"字。河上公本"奥"字之下无"也"字，而"宝"字之下有"也"。

范应元本两句均无"也"字，《景龙碑》中"宝"字之上无"所"字，"所保"作"所不保"，王弼本原貌或许也与范应元本相同。"所保"之下，括号内二句，恐为第二十一章错简。（参考第二十一章。）此节"奥""宝""保""有"押韵，唯有括号内二句不押韵。可见此二句原本不在此处。

（二）"不曰以求得"一句，河上公本作"不日以求得"。《景龙碑》作"不日求以得"，且"免"字作"勉"。但据王弼注文，可见其原本当如本书所记。[1]

（一）"奥"字，王弼将其视为"燠"字假借，作"暖"之意。河上公注将其解释为"藏"之意。但此章中，该字或为"主"之意。《礼记·礼运篇》云"人情以为田，故人以为奥也"，郑玄注"奥"为"主"。此可证"奥"有"主"之意。道为万物之主，善人以此为宝，大加尊崇。但不善人也被道所包容。原本道为绝对之物，而善恶为相对之物，但相对的善与恶，在道看来均无差别。故称"人之不善何弃之有"。以上为韵文，或为古道家之言。但（二）为无韵之文，或为后人所敷演。

（二）道超越于善与不善，极为尊贵。天子设立三公以执政，

1　此处王弼注文为"以求则得求，以免则得免"，可见原文为"以求""以免"。——译注

而执政之际，以依道而行为至善之发。比起拥有拱璧、饲养驷马、施以奢侈外饰，进于无为之道才是为政第一要义。古代君主为何推崇道？那是因为道超越于善与不善，求于道则可省去麻烦、困难之事。依于道，则有罪之人也能被宽恕。

第六十三章　第六十四章

（一）为无为，事无事，味无味。（二）大小多少，（三）报怨以德。（四）图难于其易，为大于其细。

（五）天下之难事必作于易，天下之大事必作于细。是以圣人终不为大，故能成其大。夫轻诺必寡信，多易必多难。是以圣人犹难之，故终无难矣。以上第六十三章。

（六）其安易持，其未兆易谋。（七）其脆易泮，其微易散。为之于未有，治之于未乱。（八）合抱之木，生于毫末；九层之台，起于累土；千里之行，始于足下。（九）为者败之，执者失之。是以圣人无为，故无败；无执，故无失。（十）民之从事，常于几成而败之。慎终如始，则无败事。是以圣人欲不欲，不贵难得之货；学不学，复众人之所过。以辅万物之自然，而不敢为。以上第六十四章。

【考异】以上二章多错简，还有注文混入经文之中，文义几乎均不相连。如（九）为第二十九章错简，于本章中与上下文不相连。（四）二句或为（五）之注释。此节"圣人终不为大，故能成其大"二句，错入于第三十四章之中，于彼章中此二句之下王弼注文中有（四）中二句。由此可见（四）中二句原为注文，后混入经文之中。其次，《韩非子·喻老篇》有"有形之类，大必起于小；行久之物，族必起于少。故曰：'天下之难事必作于易，天下之大事必作于细。'"一段，由此可以想象，（二）中"大小多少"四字或为（五）初二句之古注，后混入经文之中。此外，如（三）中"报怨以德"四字，于此章中也与上下文不相连。因此，整理其错乱如下，则文义大略可通。

其安易持，其未兆易谋。其脆易泮，其微易散。为之于未有，治之于未乱。

合抱之木，生于毫末；九层之台，起于累土；千里之行，始于足下。天下之难事必作于易，天下之大事必作于细。是以圣人终不为大，故能成其大。为大于其细，图难于其易。夫轻诺必寡信，多易必多难。是以圣人犹难之，故终无难矣。民之从事，常于几成而败之。慎终如始，则无败事。

是以圣人，欲不欲，不贵难得之货；学不学，复众人之所过。以辅万物之自然，而不敢为。为无为，事无事，味无味。

上文仅为意义连贯而整理而成，并不能断言此即为本章原貌。而整理文辞如上，段落缩进二字部分为无韵之散文，仅段落突出部分为有韵之文。或许仅韵文部分为古时之文，因此本书仅解释韵文部分。

凡万事初乱之前，即尚属安定之时，易于保持。思考于乱兆未显之前，则容易解决。任何事物，尚在脆弱之时则易于破坏，细小之时则易于散失，因此当在未有之前有所作为，在未乱之前加以治理。

因此，欲与知，常为乱之本，而圣人抑制欲、知，"欲不欲"，不好"难得之货"。不故作学者之态，常追赶于众人之后，而不自居于前。仅因循于万物自然的流动、发展，不有意作为。无为无事，谨守恬淡无味而行。

段落缩进部分为敷演以上内容而成，此处不再多加解释。

此章整体上与老子思想并不矛盾，但从强调不欲不学来看，此章或为慎到一派所传之语。

第六十五章

（一）古之善为道者，非以明民，将以愚之。民之难治，以其多智也。（二）故以智治国，国之贼也；不以智治国，国之福也。知此两者，亦稽式也。能知稽式，是谓玄德。（三）玄德深矣，远矣，与物反矣。（四）然后乃至大顺。

【考异】（一）"多智也"，河上公本作"智多"。现行王弼本与河上公本相同，但其注文称"多智巧诈，故难治也"，因此王本原貌或许当如本书所记。傅奕本"智"字作"知"。下文"智"也与之相同。

（二）中王弼本无三"也"字，但范应元所见王本当有之。据王弼注文可见范应元本似为得当。现行王弼本恐为据河上公本校改而成。"稽式"，河上公本作"楷式"，且注文称其为"法式"之意。王弼本作"稽式"，注文称"稽，同也"，意指从古至今万世不变之规则。"能知"，河上公本作"常知"，现行王本与河上公本相同，但据其注文可知，当作"能知"无误。

（四）河上公本无"然后"二字，范应元本与傅奕本也无此二字，但"乃"字之下有"复"字。《文选·养生论》注引钟会注，有"反俗以入道，然后乃至于大顺也"一句，由此可见钟会本似有"然后"二字。"然后""乃后"为王弼常用句法，故此句或为注文。

此章（一）与（四）不押韵，（二）以"国""贼""国""福""式""式""德"押韵,（三）也以"远""反"押韵，因此（二）（三）或许形成年代较古。但整体而言，本章强调愚民政治，恐为慎到学派之言，而并非老子之语。其意为:（一）古时有道者不致力于开启民智，而致力于愚民。此源于民众过于多智则难以统治。（二）推崇智慧，为国家之不祥事；排斥智慧，才是国家之幸。智为不祥、不智为幸，理解此事为政治家永久不变之法则。能深刻理解此事之人为玄德者。玄德，为深远之德，与一般事理看似相反，但看似相反，却反能顺应道理。

第六十六章

「（一）譬道之在天下，犹川谷之与江海。」以上十三字,旧在第三十二章。

（二）江海所以能为百谷王者，以其善下之。故能为百谷王。是以圣人欲上民，必以言下之；欲先民，必以身后之。是以圣人处上而民不重,处前而民不害。是以天下乐推而不厌。

以其不争，故天下莫能与之争。

「（三）天下皆谓吾大，似不肖。夫唯大，故似不肖。若肖，久矣其细也。」以上十四字，旧在第六十七章。

【考异】（一）原为第三十二章之语，但于彼章内与上下文不相连，似乎当移至本章之初。今从陶方琦及马叙伦之文，将其移至此处。傅奕本缺"道"字，恐为误脱。"与"字，现行王弼本作"于"，但据其注文可见原文当作"与"。此处恐为据河上公本校改所致。

（二）"圣人欲上民"，现行王本无"圣人"二字，但他本有之。恐为现行王本有所误脱。此章王弼本无一字注文，但（二）全节中"是以"二字反复出现三回，且同义之语也多次重复。因此小字标注部分恐为注语。

（三）原为次章初句，但移至此章更显自然。

关于（一）（二）两节之间的关联，（一）中称"川谷"，而（二）称"百谷"，此事不可思议。《后汉书·南匈奴传》所载宪宗诏敕中有"传曰：江海所以能长百川，以其下之也"一句。此语或为《老子》此章之异文。若此"百谷"一本作"百川"，与上文"川谷"之语对照分析，则可推测《老子》原本或作"泉谷"。"川"与"泉"发音相近，而"泉"字后分为"百川"二字，又由"百川谷"删去"川"字，终成"百谷"，如此说明，似乎使人易于接受。很难相信，"百谷"或"百川"为"江海"之对语，而以"泉谷"与"江海"相对，则可成立。但本书仍从现行本所记，不敢擅加改订。

道于天下之中，归于卑下之所。犹如谷川与江海。江海之所以能比谷川庞大，源于其居于卑下之所。人若能如江海，甘居于卑下之所，则能成为道之所归。因此圣人君临民众之上，却使用谦让的语言，自称"孤""寡""不穀"。欲立于民众之前，则当自谦，不敢为天下先。因此天下之人怀其德，安心拥戴其居上。天下之人虽谓吾大，但并不视为贤。正因看似不贤，才能成其大，若举止贤能，卖弄智慧，则不过一介小人而已。

此章全为无韵之文，因此成立年代或许较晚。但其思想与道家之言并无龃龉。

第六十七章　第六十八章　第六十九章

（一）吾有三宝，持而宝之。一曰慈，二曰俭，三曰不敢为天下先。慈，故能勇；俭，故能广；不敢为天下先，故能为成器长。今舍慈且勇，舍俭且广，舍后且先，是谓入死之门。夫慈，以陈则胜，以守则固。天将救之，以慈卫之。以上第六十七章。

（二）古之善为士者不武，善战者不怒，善胜敌者不与，善用人者为之下。是谓不争之德，是谓用人之力，是谓配〔天〕古之极。以上第六十八章。

（三）用兵者有言：吾不敢为主而为客，不敢进寸而退尺。是谓行无行，攘无臂，执无兵，扔无敌。祸莫大于无敌，无敌则几亡吾宝。故抗兵相如则哀者胜矣。以上第六十九章。

【考异】（一）"持而宝之"，河上公本"宝"字作"保"，注为"保倚"之意。但据王弼注文判断，其原文当作"宝"字无误。"能为成器长"一句，河上公本无"为"字，范应元本有之。据王弼注文可见，王本似乎亦有"为"字。"舍"字，傅奕本与《景龙碑》作"捨"。但《释文》作"舍"，因此王弼本或许也作"舍"。"舍"与"捨"可通用。傅奕本"舍"字之下有"其"字，而河上公本与王本均无"其"字。据河上公注文可见其原本似有"其"字。"是谓入死之门"一句，河上公本与王弼本均作"死矣"二字。傅奕本、范应元本则与本书所记相同。"门""先"押韵，因此现行河、王二本或有误。

（二）现行王本无"古之"二字，但据泷川氏所藏旧钞本栏外记载，王本有"古之"二字，而河上公本无此二字。今范应元本、傅奕本有此二字，或因循于王弼本。"不与"，傅奕本、范应元本、《景龙碑》、道藏《次解》本皆作"不争"。此"与"字，原本即为敌对相争之意，后人或不解其意，将其改为"争"字。"是谓配天古之极"一句，诸本皆同，但以上一句句例推测，此句多出一字。俞樾《老子平议》称"天"字或为衍文。"古"字原有"天"之意，因此"天"与"古"重复，而"古之极"与本节之初"古之"二字相对应，因此删去"天"字更为得当。

（三）"执无兵，扔无敌"二句，河上公本前后颠倒，"扔无敌"一句在前，现行王弼本亦与河上公本相同。但其下王弼注云"谦退哀慈，不敢为物先，用战犹行无行，攘无臂，执无兵，扔无敌也"，因此王弼原本或许正如本书所改订。傅奕本句次也如本书所改，此四句"行""兵""臂""敌"隔句押韵，最后"扔无敌"一句引起下句，可见河上公本此处一定有误。"祸莫大于无敌"中"无"字，河上公本作"轻"，现行王本与河上公本一致，但据王弼注文可见其经文定作"无敌"。傅奕本作"无敌"，存有王本旧形。"无"字与"侮"字发音相似，河上公本或许将"无"视为"侮"字假借，解释为"轻侮"之意，遂改其经文作"轻敌"。"几亡吾宝"中"亡"字，现行王本、河上公本均作"丧"，但据其注文可见，王本作"亡"，而河上公本作"丧"。"相如"，河上公本"如"字作"加"，注称"两敌战也",但傅奕本"如"字作"若"。现行王本与河上公本相同,但其下注称"如,相当也"。"加"有增加、重复之意,而无"当"之意。所谓"当也",或为"如"字释义,因此王本定作"如"字。而"若"与"如"同义。"哀者",诸本皆作"哀者",但意义不通。今从俞樾之说,"哀"字当为"襄"字之误,意为"让"。

(一)至(三),此三节今本分为三章,但原本或可连为一章。熟读王弼注文,则可知王弼将其视为一章。

(一)吾有三宝。所谓三宝,指"慈""俭"与"不敢为天下先"三者。"慈"为慈爱之念,有爱同伴之念,则自然生出勇气。"俭"指不浪费财用,俭朴则财货自然有余,从而广布其恩泽。不敢争先,坚守谦让,则众人自然归附,从而成为万事之长。若舍弃"慈"而仅取"勇",舍弃"俭"而唯愿广施于人,不守后而争先,则唯有入于死地而已。"三宝"均属重要,但仍以"慈"为最。心中怀"慈",用以临阵则可必胜,用以守城则能固守。要言之,慈爱符合天道,因此天亦救慈爱之人,以慈心加护之。

(二)上一节中赞叹"慈"之德,此节承接上节,述不先之德。古时被称为名将之人,沉着勇敢,而无猛悍之失。战争虽发于威怒,但真正善于征战之人,内心平静,不轻易发怒。真正善于战胜敌军之人，不妄生争斗，精于谋划，从而得胜。善居上位而役使臣下之人，自守谦让而使臣下心服。此四者皆本诸不争之德，乃用人之秘诀，也是人顺应天道的理由。

（三）用兵者之言称，我并非挑战者，而是应战者。与其进一寸，不如退一尺。此言叙述无争斗之意，无争意之人，无处可列阵，无可攘之臂膀，无可执之兵器，亦无可争之敌，此即为不战之道。战争之中，轻侮敌人为不祥之事。轻敌躁进，则失去前文所述三宝。因此两两对抗之时，能退一步，有所让步之人才能得到最终的胜利。

以上数章为兵家之言，但依据道家之言有所修饰，恐非老子之语。但其文押韵，由此推测，其形成年代当极早。这一点不容置疑。

第七十章

（一）吾言甚易知，甚易行，而人莫之能知，莫之能行。〔（二）言有宗，事有君。〕（三）夫唯无知，是以不我知。知我者希，则我者贵。是以圣人被褐怀玉。

【考异】（一）"而人莫之能知，莫之能行"，河上公本、《景龙碑》"而人"作"天下"，现行王弼本与河上公本相同，但王弼注中所引之文"莫"字之下有"之"字，傅奕本也与之相同。想来傅奕本此句或从于王弼本。因此"而人"二字，王弼本或许不作"天下"。据其注文，可见河上公本原本似乎也与傅奕本相同。盖"而"字篆文与"天"字相近，或许因此被误记，而"人"字也似于"下"字，由此被误记。

（二）"事有君"中"君"字，范应元本作"主"。据其注文可见河上公本、王弼本均作"君"，范本或依据注义对原文有所改订。

（三）与（一）文义相连，但中间有（二）则文脉不通。恐为古注之语窜入经文所致。《群书治要》删去此六字，当有其深意。但《淮南子·道应训》引文中有此六字，可见此六字于汉代之前已窜入经文之中。

删去（二），则此章不需多加解释。此章整体而言不押韵，当为后出之文。仅最后"被褐怀玉"四字，"褐"与"玉"字押韵，或许形成于古时。《孔子家语·三恕篇》云："子路问于孔子曰：'有人于此，披褐而怀玉，何如？'孔子曰：'国无道，隐之可也；国有道，则衮冕而执玉。'"此故事也围绕该四字编成。

第七十一章

（一）知不知，尚矣；不知知，病矣。[（二）夫惟病病，是以不病。]（三）圣人之不病，以其病病，是以不[吾]病。

【考异】以上全文从于傅奕本。河上公本"尚矣"作"上"，"夫惟"之上无"矣"字，"惟"字作"唯"，"圣人"之下无"之"字，"不吾病"作"不病"。现行王弼本与河上公本相同，但泷川本所引贾大隐之说，称最后一句王本与傅奕本相同，可见此章傅奕本所记或为王本原貌。《韩非子·喻老篇》"不吾病"作"无病"。王本"吾"字恐为衍字。

此章（二）与（三）中下二句几乎相同。而（一）为《淮南子·道应训》所引，（三）为《韩非子·喻老篇》所引，（二）未见被古籍引用。《景龙碑》与道藏《次解》本无此数句。可以推测,（二）为（三）之异文，或源于古人将其记于字行之旁，后混入经文。

（一）意思与《吕氏春秋·别类篇》"知不知，上矣。过者之患，不知而白以为知"相同。"尚"与"上"同。

（三）承接"不知知，病矣"一句，圣人能无病（即患），源于其能以病（意为以不知为知这一缺点）为病。圣人能认识到缺点为缺点，因此可以无缺点。

第七十二章

（一）民不畏威，则大威至。无狎其所居，无厌其
所生。夫唯不厌，是以不厌。（二）是以圣人自知，不
自见；自爱，不自贵。故去彼取此。

【考异】（一）河上公本中"大威"之上无"则"字，"至"
字之下有"矣"字，"狎"字作"狭"。《景龙碑》中既无"则"
字也无"矣"字，《次解》本仅"民"字作"人"。本书所记
依据于王弼注文所引经文。傅奕本与范应元本"至"字之下
有"矣"字，河上公本也与之相同，但其他部分河上公本与
王本相同。

（二）诸本大致相同，但傅奕本、范应元本中"自知"及"自
爱"之下均有"而"字。

以上内容，河上公本命名为"爱己章"，且将其视为一章。
但（一）（二）之间似不相连。姚姬传将（一）中初二句视为
独立一节，但初二句与下四句并非不相连。而马叙伦认为（二）

为独立一章所残存部分。我认为，（一）为错简，似可别为一章，（二）可接续于第七十三章之末。魏源《老子本义》中，将第七十、七十一章视为一章。《景福碑》中第七十一章与第七十二章相连。魏源之见似乎得当，但若将此章(一)视为错简，则（二）可视为第七十、七十一章之结论。

由（二）开始解释，则（二）中"自知，不自见"与第七十一章"知不知"一句对应，"自爱，不自贵"与第七十章"知我者希，则我者贵"对应。也就是说，此章第二节之意或许为：圣人披褐怀玉，知却好似不知，不像众人不知却装作知，以此谋取尊贵。众人不理解、不实行圣人所谓易知易行之事。"去彼取此"中"彼"即指众人。圣人自知，却不外显光耀。"去彼取此"中"此"即指圣人。

（一）"威"或为天命之意，而"大威"为刑诛之意。人若不顺从天所赋予的命运，则自然遭遇刑诛。因此人当安于其居、乐于其俗、甘于其食，以其服为美，不轻侮、厌弃自身所居环境，安于自己的天分。人能安于天分，不厌弃天命，则天也将爱人，不厌弃人。

第七十章至此的三章虽有非押韵部分，但大体不离道家思想。其中虽主张无知，但与倡导绝圣弃知的慎到之说仍大不相同。

第七十三章

（一）勇于敢则杀，勇于不敢则活。此两者，或利或害。天之所恶，孰知其故？[是以圣人犹难之。]（二）天之道，不争而善胜，不言而善应，不召而自来，坦然而善谋。天网恢恢，疏而不失。

【考异】（一）《景龙碑》及道藏《次解》本无"是以圣人犹难之"七字。此章前后均为韵文，唯此句无韵，且第六十三章亦有相同之文，合而考之，此七字或为错简。王弼本及河上公本均有此七字，此事不容置疑。

（二）"坦然"，陆德明《释文》云："繟，音阐。坦，叶坦反。梁王尚、钟会、孙登、张嗣本有此。坦，平大貌，河上作'墠'。墠，宽也。坦，尺善反，又上单反也。"其意不明了。据道藏本彭耜《集注》，陆本作"坦"，河上一本作"墠"。范应元《集注》称王弼、梁王尚、孙登、张嗣本作"坦"。旧钞河上公本皆作"繟然"。合而考之，王弼本或作"坦"，陆德明沿袭于王本，河上公本别作"繟"字，又有河上一本作"墠"。因此《释文》原本或作："坦，吐坦反。今本'吐'误作'叶'，今据《祭法》释文改。梁武、今本脱'武'字，今补正。王尚、钟会、孙登、张嗣本若此。今本'若'误作'有'，今改正。坦，平大貌，河上作'繟'。繟，音阐，宽也。一本作'墠'。墠，尺善反，又上单反。"盖"坦然"为平坦宽广之貌，此恐为其本义。但后变为"繟""墠"字。傅奕本作"默然"，道藏《次解》本作"不言"，不知其本诸何处。

（三）"不失"，《后汉书·杜林传》引文作"不漏"。

古来注释者对此章有着种种解释，太田晴轩认为此章所假定场合为决断疑狱之时。此章之初有"活杀"二字，末尾有"天网恢恢"一句，由此推测，晴轩之说或许得当。而《列子·力命篇》云："老聃语关尹曰：'天之所恶，孰知其故？'言迎天意，揣利害，不如其已。"《列子》此文可视为解释本章内容。因此此章可解释如下：

此处有一疑狱，果敢之人主张可杀，迟疑之人认为当活。此时果敢者与迟疑者均在计算利害、深刻思考后才有此判断。但此问题不应决定于利害分析，而当依据天意。天意不可见于利害分析，因此果敢者与迟疑者均不可见天意。所谓天意、天道，不争而胜，不言而行，不呼而自来，宽大而无所疏漏。换言之，天助善执恶之网极大，其网眼虽宽，但绝无漏失。"恢恢"为广大之貌，《史记·滑稽列传》有"天道恢恢，岂不大哉"一句，此文或依据此章之文而作。

第七十四章

　　民不畏死，奈何以死惧之！若使民常畏死，而为奇者吾得执而杀之，孰敢？常有司杀者杀，夫司杀者，是大匠斫。夫代大匠斫者，希有不伤其手矣。

　　【考异】以上为道藏王本之经文，但河上公本"孰敢"之下有"矣"字，"有司者杀"之下无"杀"字，"夫"字之下有"代"字，"是"字之下有"谓代"二字。傅奕本"不畏死"之上有"常"字，"奈何"作"如之何其"，"孰敢"之下有"也"字，"夫"字作"而代"二字，"是"字之下有"代"字，"希"字作"稀"，"伤"字之上有"自"字。陆氏《释文》标出"是大匠斫"四字，合于道藏王本，可见道藏王本或大致近于王弼本原貌。

　　河上公本称此章为"制惑章"，并将其视为独立一章。但吴澄与魏源将其与上章连为一章。熟读此两章，可见吴、魏二家之说或许得当。前章说"天网恢恢，疏而不失"，此章承接于其后，此章之意为：天中常有司杀者，因此人君没必要代其重施刑罚，使民安其居，乐其生，便已足矣。

　　若民众不畏惧死亡，则重施刑罚也没有任何效果。与之相反，若使民众乐生畏死，则不必忙于诛杀奇邪之人。其原因在于天网恢恢，疏而不漏，常活善而杀恶，其中自有主宰。主宰者司，犹如高明木匠切割木材。将其委任于高手匠人，则可避免失败。拙劣外行越俎代庖，代大匠施斧斤，则将伤己之手，以致失败。

以上第七十三、七十四章，文义连贯。前章大致为韵文，而此章无韵，因此此章承接于前章之后，或为后人敷演而成。

第七十五章

民之饥，以其上食税之多，是以饥。民之难治，以其上有为，是以难治。民之轻死，以其求生之厚，是以轻死。夫唯无以生为者，是贤于贵生。

【考异】以上依于道藏王本经文，傅奕本"多""为""厚""生"字之下有"也"字，"求生"作"生生"。河上公本抄本中数句有"也"字，数句无"也"字。此类助字，《景龙碑》中被完全删去，于文义并无重大影响。但"求生"二字，作"生生"更为得当。

民众之饥馑，源于上位者过度征收租税；其难治，源于上位者有为；其轻死，源于其过于执着于生。超然于生死，比贵生之人远为贤明。

此章似以"饥""治""死"押韵，文章有延展过度之倾向。彭耜《老子集注杂说》及董思靖《集解》称王弼已怀疑此章并非老子所作。全章大意为批判贵生思想，由此分析，此章或为杨朱之说盛行之后，道家一派所作反驳之文。

第七十六章

人之生也柔弱，其死也坚强。草木之生也柔脆，其死也枯槁。故坚强者死之徒，柔弱者生之徒。是以兵强则灭，木强则折。强大处下，柔弱处上。

此章于第四十二章已有解释，此处略之。

第七十七章

（一）天之道，其犹张弓与！高者抑之，下者举之；有

余者损之，不足者补之。天之道，损有余而补不足。人之道
则不然，损不足以奉有余。孰能有余以奉天下？唯有道者。

（二）是以圣人为而不恃，功成而不居。其不欲见其贤。

【考异】（一）"与"，河上公本作"乎"，傅奕本作"者欤"。
"不足者补之"中"补"字，河上公本、《景龙碑》作"与"，
傅奕本与王本相同。对照下文，可见作"补"字得当。"补不足"
之下，河上公本有"也"字，傅奕本与王本无此字。"有余以
奉天下"，河上公本"以"字在"有余"之上，傅奕本与范应
元本作"损有余而奉不足于天下者"。"唯有道者"，傅奕本作
"本其惟有道者乎"。

　　（二）"不居"，现行王弼本、河上公本均作"不处"，但
傅奕本作"不居"。第二章有与此句相同之文，如前所述，第
二章中王本或作"不居"，此句或许也当作"居"字。《吕氏
春秋·审分览》注引文中此处作"不居"。"其不欲见其贤"，
河上公本与之相同。王弼注文称"不欲示其贤"，也有学者以
此认为王本"见"字作"示"。但注文中"示"字，或许为经
文"见"字之释义。傅奕本此句之下有"耶"字，《景龙碑》
作"斯"，《次解》本此句作"斯不贵贤"。想来此六字或为古
时注文。

《易·象传》中有"地中有山,谦。君子以裒多益寡,称物平施"一段,此章思想与该段相同。其中(一)叙述损多而补少之事。(二)叙述谦虚之德为根本。

张弓之时,压制弓背上端,抬高下端,以挂弓弦。天道也与张弓相同,抑制高大而抬高低下之物,削减有余而补充不足之物。但人之行则与之相反。若人能以自身之有余奉养天下,即为顺应天道之人。圣人为而不恃,功成而不居,即为此意。

第七十八章

[(一)天下莫柔弱于水,而攻坚强者莫之能胜,以其无以易之。]

(二)弱之胜强,柔之胜刚,天下莫不知,而莫之能行。是以圣人云:受国之垢,是谓社稷主;受国之不祥,是谓天下王。[正言若反。]

【考异】(一)或为第四十三章之错简。于彼章中已有说明,故此处不再赘述。

(二)《淮南子·道应训》引此句,"强""刚"之下有"也"字。"而莫之能行"一句,现行王本无"而""之"二字,旧钞河上公本、傅奕本、《淮南子》中有之，《景龙碑》无"而""之"二字，且其上"莫不知"作"莫能知"。想来此源于碑文以简约为要，故有所删减。《淮南子》引文当为此处古貌。"圣人云"，范应元本"云"字作"言"，傅奕本作"圣人之言云"。二"受"字之上，《淮南子》均有"能"字，他本均无。"主""王"字之上，范应元本、河上公本有"之"字，但《淮南子》无之。傅奕本亦有"之"字，且"不祥"之下"是谓"作"是为"。"天下王"之下，范本有"也"字。《淮南子·道应训》引文中以"天下王"结尾，其下无"正言若反"四字。此四字恐为评语，后混入经文之中。

柔弱胜于刚强之事，人亦能知，但实际能行之人极少。因此圣人云：能受国之垢者，方能为社稷之主；能受国之不祥者，方能为天下王。《庄子·天下篇》有"人皆取先，己独取后。曰：'受天下之垢。'"一段，因此"受国之垢"或为退守不进取之意。"不祥"也与"垢"同义。

第七十九章

（一）和大怨，必有余怨。安可以为善？是以圣人执左契而不责于人。[有德司契，无德司彻。]

（二）天道无亲，常与善人。

【考异】（一）诸本少有差异，仅傅奕本与范应元本于"有德司契"之上有"故"字，恐为衍字。而"有德司契"以下八字，或为上文"左契"二字之注释，后混入经文之中。

（一）此章文义难以捉摸，仅以"执左契"三字推测之。《礼记·曲礼篇》上篇有"献粟者执右契"一句。其意为，献上粟米、稻粱之时，为了能扩大容积，且永不腐败，不持实物，而献以证券，方合其礼。古时证券用符契或质剂。符契为两枚割符，执右契之人拥有收取相应物品之权利，左契为物品已交付之凭证，执左契之人有义务应执右契之人的要求，向其交付相应物品。可见此章"圣人执左契"一句，或许与第八十一章"圣人尽以与人"同义，指圣人不自积财产，而时常思考将财产施与他人。"有德司契"四字，与"圣人执左契"同义，"无德司彻"中"彻"字，为剥削榨取之意。"司契"或为施与之意，而"司彻"或指榨取之事。谋划剥削榨取之事，则自然受人怨恨。受怨之后，即使有所调和，也必定残留有余怨。此章大意或许为，圣人施与人而避免剥削榨取。

（二）与（一）不相连，其意或为天道不区分亲疏，对众人皆平等视之，仅与善人而已。

第八十章

　　小国寡民。使有什伯之器而不用，使民重死而不远徙。[虽有舟舆，无所乘之；虽有甲兵，无所陈之；使民复结绳而用之。]甘其食，美其服，安其居，乐其俗。邻国相望，鸡犬之声相闻，民至老死不相往来。

【考异】以上大致抄录自道藏王弼本，仅有"使民复结绳"中"民"字，道藏本作"人"，但此处可推定为唐人所改，故从河上公本改订之。河上公本"使有什伯之器而不用"中"之"字之上有"人"字，于"什伯"之后断句，且"鸡犬"作"鸡狗"。傅奕本与范应元本"使有什伯之器"中"有"字之上有"民"字，"甘其食"之上有"至治之极民各"六字，"安其居，乐其俗"二句作"安其居，乐其业"，"相闻"之下有"使"字。此章括号内部分，与上文之语意义重复，恐为古注文误入经文之中。

　　此外，《史记·货殖传》引老聃之言，曰：

　　　　至治之极，邻国相望，鸡狗之声相闻，民各甘其食，美其服，安其俗，乐其业，至老死不相往来。

与此章下半大致相同，但《史记》将其视为完整一文，由此可见，此章前半或许由后半敷演而成。古时此章恐仅有后半部分。《庄子·胠箧篇》中有此章"甘其食"直至"不相往来"数句，却不将其视为老子之语。因此，此章是否为老聃之语，仍有疑问。本书将此章内容大略解释如下。

此章描绘老庄理想社会。"什伯之器"，《说文系传》"伯"字之下，引老子之语，注称什伯之器为兵革之属。古时兵卒之部曲，五人称为伍，十人为什，百人为伯，因此军旅或称为"什伍"，或称为"什伯"，因此"什伯之器"可解为兵器。道家理想社会中，小国寡民，有兵器却不争斗，重视生命，有舟车却不以此去往远方，民众甘于各自服色，乐于从事其职业，国与国相邻，近至能听见鸡犬之声，却终生不相往来。

第八十一章

（一）信言不美，美言不信；善者不辩，辩者不善；知者不博，博者不知。

（二）圣人不积，既以为人，己愈有；既以与人，己愈多。

（三）天之道，利而不害。圣人之道，为而不争。

【考异】（一）傅奕本"善者""辩者"二"者"字作"言"，俞樾称"信言""美言"二"言"字或为"者"字之误。俞樾之说本诸河上公注。但据圣语藏本河上公注文，河上公本原作"言"而不作"者"。

（二）《战国策·魏策》引老子之语，云："老子曰：'圣人无积，尽以为人，己愈有；尽以与人，己愈多。'"与此节相同。"既"为"尽"之意。

此章河上公本题为"显质章"，三节或许本不相连，却被连为一章。（一）中每二句一语，可区分为三语。其意不解自明。